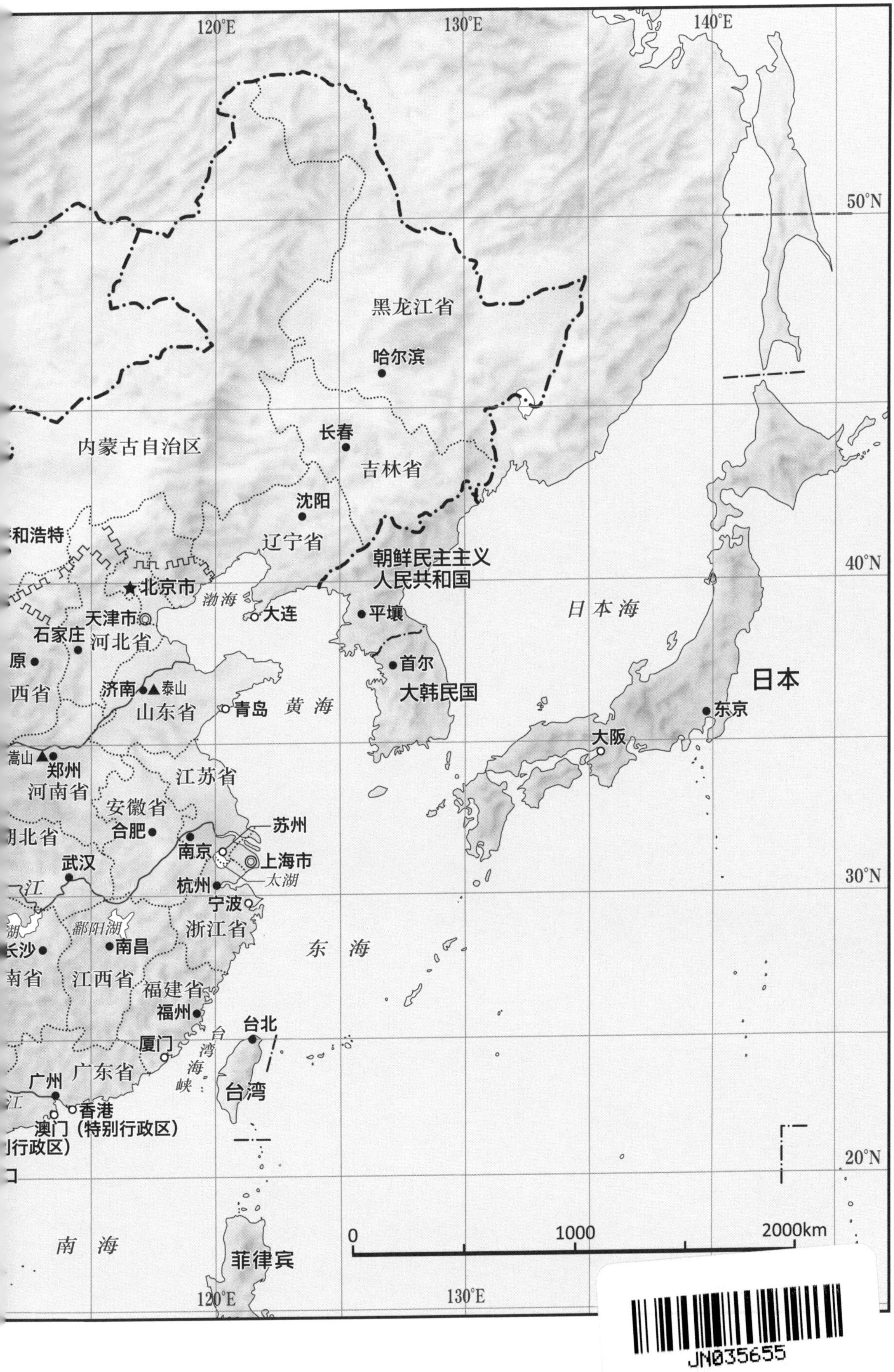
120°E
130°E
140°E
50°N
40°N
30°N
20°N
黑龙江省
哈尔滨
内蒙古自治区
长春
吉林省
沈阳
和浩特
辽宁省
朝鲜民主主义
人民共和国
北京市
渤海
大连
平壤
日本海
天津市
石家庄
河北省
首尔
原
日本
济南
泰山
西省
大韩民国
山东省
青岛
黄海
东京
大阪
嵩山
郑州
江苏省
河南省
安徽省
苏州
合肥
湖北省
南京
上海市
武汉
杭州
太湖
江
宁波
湖
鄱阳湖
浙江省
东海
长沙
南昌
南省
江西省
福建省
福州
台北
台湾海峡
厦门
广东省
台湾
广州
江
香港
澳门（特别行政区）
行政区）
南海
菲律宾
0
1000
2000km

ポイントチェック
初級中国語

POINT CHECK

楊暁安・高芳

同学社

音声について

🔊00がついている箇所には、ネイティブスピーカーによる録音があります。
同学社のホームページよりダウンロードできます。

https://dogakusha.crs-stream.jp/books/07941/

表紙デザイン：長峰理佳

はじめに

現代は、教えを待つ時代ではなく、自ら学びとる時代だ。自ら学ぶには優れた教科書が必要となる。本書は、中国語の学習を始める人々のための初心者用教科書である。

四つの特徴を以下に述べる。

(1) 初心者向けとして、収録される内容は中国語の最も基本となる要素を厳選した。構成は、発音 4 課と会話・文法 11 課の全 15 課で、現代中国語の音声、語彙、文法の基礎をほぼ網羅している。1 週間に 1 回の授業で、1 年間の学習を想定している。

(2) 発音、語彙、文法の内容は、日本中国語検定試験の準 4 級および 4 級に合わせてある。1 年間学習することで、中国語検定準 4 級および 4 級の水準に到達できる。

(3) 学習者の興味を高めるため、各課に簡単なコラムを用意した。中国に関する知識を楽しく学ぶことができる。

(4) 巻末に「あいさつ言葉」、「家族・親戚の呼び方」、「教室用語」、「常用量詞」、「常用反義語」、「中国語文法のまとめ」など、豊富な付録をつけた。中国語をさらに学びたい学習者は、これらを柔軟に活用することで、自身のスキルをさらに向上させることができる。

先生方は、教える過程で適宜練習を追加したり、実践的なトレーニングを増やすことで、学習効果を一層向上させることができる。

本書が、中国語を学ぶ皆様のお役に立つことを切に願っている。

2023 年 9 月

著　者

目　次

第一课 (Dì yī kè)

発　音（1）

1 母音（1） a/o/e/i/u/ai/ei/ao/ou　2

a　日本語のアより口を大きくあけて、舌を下げ、口中を広くして発音。

o　日本語の「オ」より唇をまるく突きだして発音。

e　日本語のエの口の開きでオといってみる。アとオの中間の音。

i　日本語の「イ」よりも唇を左右に充分引いて発音。

u　日本語のウよりも唇をまるく突き出し、舌を奥に引く感じで発音。

ai　**a** と **i** を別々に発音しない。大きな **a** から小さな **i** へなめらかに軽く続けて「アィ」。

ei　日本語の「エィ」と発音すればほぼ OK。

ao　口を大きくあけたアから「アォ」。

ou　唇を丸く突き出し、口の奥をぐっと広げたオから、くちの中をせばめてゥを軽くつけて「オゥ」。

☆音節の前に子音がこない時には、〈i〉は〈yi〉、〈u〉は〈wu〉と綴ります。

2 子音（1） 唇音　b/p/m/f　　舌尖音　d/t/n/l　3

b　**（無気音）**上下の唇を軽くあわせ、静かに息をはいて発音（声の大小ではない）。

p　**（有気音）**上下の唇を合わせ、口に一旦息をため込み、それを一気に破裂させて発音。

m　上下の唇を一度しっかり合わせて、あとは普通に。

f　下唇に上歯を触れて（英語の **f** の感覚）。

d　**（無気音）**舌先部分を上の前歯の裏に一旦あてて、静かに息をはいて発音する。

t　**（有気音）**舌先部分を前歯の裏にあてて息をため込み、それを一気に破裂させて発音。

n　日本語の「ナ」よりも、舌先部分を上歯の裏に一度しっかり押しあててから発音する。

l　舌先部分を上の歯の裏に一度しっかり押しあててから発音する。

3 声調（1） 四声 4

中国語は高低アクセントの言語に属し、共通語では一つ一つの音節に「高くまっすぐ」「低く押さえる」「低から高へ」「高から低へ」の四つの調子がある。同じ音節でも、声調が違えば、漢字や言葉の意味が異なる。ローマ字の上の符号はこの四つの声調を表す。

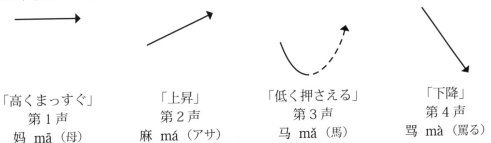

「高くまっすぐ」	「上昇」	「低く押さえる」	「下降」
第 1 声	第 2 声	第 3 声	第 4 声
妈 mā（母）	麻 má（アサ）	马 mǎ（馬）	骂 mà（罵る）

4 声調記号のつけ方

ピンインの上の符号は、四つの声調のパターンを記号化したもので、これを声調符号という。声調符号は母音の上に付ける。

(1) **a** があったら **a** の上に	猫 māo	老 lǎo	票 piào	耐 nài
(2) **a** がなければ **o** か **e** を探し	美 měi	漏 lòu	背 bèi	投 tóu
(3) **i** と **u** が並べば後ろに付けて	对 duì	推 tuī	流 liú	牛 niú
(4) 母音一つは迷わずに	八 bā	比 bǐ	德 dé	路 lù

[i] の上に付けるときには、上の「·」を取り去って付ける。　米 mǐ　地 dì　离 lí

声調のない音（軽声）には符号をつけない。　妈妈 māma　妹妹 mèimei

5 有気音と無気音 5

中国語の子音を発音するときに比較的はっきりした気音を伴うものを“送气音”（有気音）といい、伴わないものを“不送气音”（無気音）という。中国語共通語の発音では **b・d・g・j・z・zh** が無気音で、**p・t・k・q・c・ch** が有気音である。

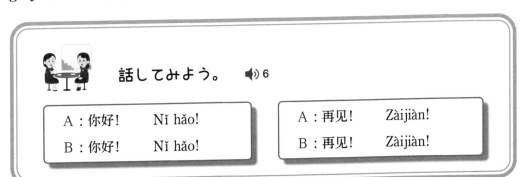

話してみよう。 6

A：你好！　Nǐ hǎo!
B：你好！　Nǐ hǎo!

A：再见！　Zàijiàn!
B：再见！　Zàijiàn!

練習問題

1 発音を聞いて声調をつけなさい。 7

(1) ma 马	(2) da 大	(3) bo 波	(4) pi 皮	(5) tu 吐
(6) di 低	(7) fa 法	(8) lu 露	(9) ni 你	(10) ma 木
(11) bai 白	(12) pei 陪	(13) mao 猫	(14) tou 投	(15) lai 来
(16) nei 内	(17) fei 费	(18) tai 台	(19) pai 拍	(20) mei 美

2 発音を聞いて下線部に正しい子音を書きなさい。 8

(1) ____ā 八	(2) ____ǔ 普	(3) ____ěi 美	(4) ____èi 费	(5) ____à 大
(6) ____ǎ 法	(7) ____ěi 北	(8) ____ǎ 马	(9) ____ài 待	(10) ____áo 逃
(11) ____āo 包	(12) ____è 特	(13) ____ǐ 比	(14) ____ǎo 跑	(15) ____èi 内
(16) ____ái 来	(17) ____óu 投	(18) ____ái 埋	(19) ____ǎo 老	(20) ____āo 猫

3 発音を聞いて下線部に正しい母音を書き、声調をつけなさい。 9

(1) b____ 百	(2) p____ 配	(3) m____ 毛	(4) f____ 非	(5) d____ 带
(6) t____ 透	(7) n____ 耐	(8) l____ 雷	(9) b____ 背	(10) p____ 派
(11) m____ 妹	(12) f____ 福	(13) d____ 稻	(14) t____ 台	(15) n____ 内
(16) l____ 牢	(17) t____ 吐	(18) p____ 炮	(19) d____ 豆	(20) b____ 包

4 四声の組み合わせ練習（正しく発音しましょう）。 10

(1) 1声＋1声 ① tōupāi （偷拍：盗撮する） ② lā kāi （拉开：引きあける）

1声＋2声 ① fēibái （飞白：飛白（体）） ② fādá （发达：発達する）

1声＋3声 ① bābǎi （八百：八百） ② lā shǒu （拉手：手をつなぐ）

1声＋4声 ① bāobì （包庇：かばう） ② tōudù （偷渡：密入国する）

(2) 2声＋1声 ① pífū （皮肤：皮膚） ② péidū （陪都：副都）

2声＋2声 ① pímáo （皮毛：毛皮） ② máitóu （埋头：没頭する）

2声＋3声 ① máobǐ （毛笔：筆） ② péilǐ （赔礼：謝る）

2声＋4声 ① pídài （皮带：革製のベルト） ② láilì （来历：来歴）

(3) 3声＋1声 ① mǎidān （买单：支払いをする） ② fǎyī （法医：法医学者）

3声＋2声 ① měidé （美德：美徳） ② lǎotóu （老头：老人、年寄り）

3声＋3声 ① bǎi mǐ （百米：百メートル） ② pǔfǎ （普法：法律の知識を普及する）

3声＋4声 ① mǎimài （买卖：売買する） ② měilì （美丽：美しい）

(4) 4声＋1声 ① tàobēi （套杯：ひと組の杯） ② dòubāo （豆包：あん入りまんじゅう）

4声＋2声 ① bùfá （步伐：隊列の足並み） ② dìtú （地图：地図）

4声＋3声 ① lòudǒu （漏斗：じょうご） ② dìbǎn （地板：床板）

4声＋4声 ① dàolù （道路：道路） ② nèibù （内部：内部）

5 次の単語を発音して、子音を識別しましょう。 11

b-p
① pǎobù （跑步：ジョギングをする） ② píbèi （疲惫：疲れる）
③ pùbù （瀑布：滝） ④ bú pà （不怕：怖くない）
⑤ bùpǐ （布匹：布の総称） ⑥ báipǎo （白跑：むだ足を踏む）
⑦ pèibèi （配备：配備する） ⑧ bàopò （爆破：爆破する）

d-t
① tǔdòu （土豆：ジャガイモ） ② tèdì （特地：特に、わざわざ）
③ dìtú （地图：地図） ④ dǔtú （赌徒：博徒、ばくち打ち）
⑤ tàidù （态度：態度） ⑥ tōudù （偷渡：密入国する）
⑦ tìdài （替代：代わる、代える） ⑧ dǎotā （倒塌：（建物が）倒れる）

Dì èr kè
第二课

発　音（2）

❶ 母音（2）　an/en/ang/eng/ong/ua/uo/uai/uei(ui)/uan/uen(un)/uang/ueng　🔊12

an　単母音 **a** に続けて舌先部分を上歯付け根裏に押し当てて終わる。

en　日本語の「エン」に近い音。最後は舌先部分を上歯付け根裏にしっかり押し当てて終わる。

ang　単母音の **a** の音を **ng** で終わらせる。

eng　単母音の **e**「エの口でオ」を **ng** で終わらせる。

ong　単母音の **o**「口を丸く突き出す」を **ng** で終わらせる。

ua　口を丸く突き出した **u** から、すぐさま口を開き **a** へ「ウア」。

uo　口を丸く突き出した **u** から、すぐさま口の中をぐっと広げて **o** へ移り「ウオ」。

uai　**u** に二重母音の **ai** を続ける。

uei　**u** に二重母音の **ei** を続ける。

uan　**u** に鼻母音の **an** を続ける。

uen　**u** に鼻母音の **en** を続ける。

uang　**u** に鼻母音の **ang** を続ける。

ueng　**u** に鼻母音の **eng** を続ける。

☆音節の最後が n で終る場合、舌先部分を上歯の付け根裏にしっかりと押し当てて終る。音節の最後が ng で終る場合、舌先は上顎につかず、舌の根元が後ろに盛り上がって、息は鼻からぬける。日本語で、舌先を意識しながら次を言ってみよう。

❷ 子音（2）　舌根音　g/k/h　🔊13

g　**（無気音）** うがいをする時に発する「グ」のような音とともに舌の付け根を後ろにもりあげて、息を静かにはきながら発音する。上下の唇を軽くあわせ、静かに息をはいて発音（声の大小ではない）。

k　**（有気音）**「か」行の子音を舌の付け根を後ろにもりあげ、一旦息をため込んでから一気に破裂させて発音する。上下の唇を合わせ、口に一旦息をため込み、それを一気に破裂させて発音。

h　「は」行音の子音だが、日本語のハやホと違い、例えば寒い時に手に「ハーッ」と息を吹きかける、あのかすれたような喉の摩擦音。

3 声調（2）　軽声　🔊14

音節は一つ一つ第 1 声から第 4 声までいずれかの声調をもっているが、そのほかに本来の声調を失ってしまい、短く軽く発音されるものがある。これを軽声という。軽声はその前の声調によって相対的に音の高低が決まる。軽声には声調符号をつけない。

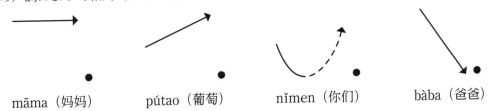

māma（妈妈）　　pútao（葡萄）　　nǐmen（你们）　　bàba（爸爸）

4 鼻音 n と ng を伴う母音　🔊15

-n		-ng		
an	**en**	**ang**	**eng**	**ong**
ian(yan)	in(yin)	iang(yang)	ing(ying)	iong(yong)
uan(wan)	uen(wen)	uang(wang)	ueng(weng)	
üan(yuan)	ün(yun)			

話してみよう。　🔊16

A：早上好！　Zǎoshang hǎo!
B：早上好！　Zǎoshang hǎo!

A：晚上好！　Wǎnshang hǎo!
B：晚上好！　Wǎnshang hǎo!

1 発音を聞いて声調をつけなさい。 17

(1) gang 刚	(2) kong 空	(3) hua 化	(4) ben 本	(5) pan 盘
(6) mang忙	(7) feng 风	(8) duan 短	(9) tui 退	(10) nan 男
(11) luo 落	(12) gao 高	(13) kou 口	(14) hei 黑	(15) kuai 快
(16) hui 会	(17) guo 国	(18) gou 狗	(19) ke 客	(20) hai 海

2 発音を聞いて下線部に正しい子音を書きなさい。 18

(1) ____ǎng 港	(2) ____àng 抗	(3) ____uáng 黄	(4) ____uí 回	(5) ____uǎn 管
(6) ____àn 看	(7) ____àng 棒	(8) ____éng 朋	(9) ____ǎn 满	(10) ____áng 房
(11) ____ǎi 改	(12) ____ùn 困	(13) ____ào 号	(14) ____ōng 供	(15) ____uǒ 火
(16) ____ǔ 苦	(17) ____ào 告	(18) ____òu 厚	(19) ____ǎi 海	(20) ____uǒ 果

3 発音を聞いて下線部に正しい母音を書き、声調をつけなさい。 19

(1) b____ 半	(2) p____ 盆	(3) m____ 猛	(4) f____ 反	(5) d____ 冬
(6) t____ 糖	(7) n____ 南	(8) l____ 冷	(9) g____ 更	(10) k____ 况
(11) h____ 画	(12) k____ 考	(13) d____ 东	(14) t____ 同	(15) n____ 能
(16) l____ 卵	(17) t____ 推	(18) g____ 怪	(19) d____ 多	(20) h____ 魂

4 四声の組み合わせ練習（正しく発音しましょう）。 20

(1) 1声＋1声　① guāfēn （瓜分：分割する）　② gāodī （高低：高さ）

1声＋2声　① huātán （花坛：花壇）　② guīguó （归国：帰国する）

1声＋3声　① guāngpǔ （光谱：スペクトル）　② huībǐ （挥笔：揮毫する）

1声＋4声　① guānbì （关闭：閉める、閉鎖する）　② kuāndà （宽大：広くて大きい）

(2) 2声＋1声 ① kuíhuā （葵花：ヒマワリ） ② hángkōng（航空：航空）

2声＋2声 ① háitóng （孩童：児童、子供） ② hóngtáng（红糖：黒砂糖または赤砂糖）

2声＋3声 ① guótǔ （国土：国土、領土） ② hánlěng （寒冷：寒い）

2声＋4声 ① guóhuì （国会：国会、議会） ② huífù （回复：返答する）

(3) 3声＋1声 ① kǎndāo （砍刀：なた、大なた） ② běnkē （本科：（大学の）本科）

3声＋2声 ① guǒnóng（果农：果樹栽培農家） ② kǒnglóng（恐龙：恐竜）

3声＋3声 ① guǎngchǎng （广场：広場） ② gǎngkǒu（港口：港、港湾）

3声＋4声 ① gǔdài （古代：古代） ② kǔtòng （苦痛：苦痛）

(4) 4声＋1声 ① guòdōng（过冬：冬を越す） ② huàkān （画刊：画報、グラフ）

4声＋2声 ① huìtáng （会堂：講堂、ホール） ② gòngtóng（共同：共同、共通）

4声＋3声 ① huàtǒng（话筒：（電話の）受話器） ② kùnkǔ （困苦：困窮している）

4声＋4声 ① huìfèi （会费：会費） ② guàlì （挂历：壁掛けの月別カレンダー）

5 次の単語を発音して、子音を識別しましょう。 21

g-k ① gōngkāi （公开：公開する） ② kǎogǔ （考古：考古学に従事する）

③ kānguǎn （看管：管理する） ④ gāokǎo （高考：大学の入学試験）

⑤ gōngkē （工科：工科） ⑥ kāiguān （开关：スイッチ）

⑦ kǒugǎn （口感：（飲食物の）口当たり） ⑧ guókù （国库：国庫）

⑨ guǎnkòng （管控：管理しコントロールする） ⑩ gǎnkǎo （赶考：試験を受けに行く）

⑪ gǎikǒu （改口：口調を変える） ⑫ kāiguó （开国：建国する）

⑬ kǒugòng （口供：供述） ⑭ gānkǔ （甘苦：苦楽、辛酸）

第三课 発　音（3）

Dì sān kè

❶ 母音（3） ia/ie/iao/iou(iu)/ian/in/iang/ing/iong/üe/üan/ün　22

ia　i 音から、すぐさま口の開きの大きい **a** へなめらかに移る。

ie　i からすぐさま **e** へ移るが、この **e** は「エ」でよい。「ィエ」。

iao　i に二重母音の **ao** を続ける。

iou　i に二重母音の **ou** を続ける。

ian　i に鼻母音の **an** を続ける。

in　単母音 **i** に続けて舌先部分を上歯付け根裏に押し当てて終わる。

iang　i に鼻母音の **ang** を続ける。

ing　単母音 **i** に続けて舌を後ろに移動して終わる。

iong　i に鼻母音の **ong** を続ける。

ü　日本語の「ウ」を発音するときの口で、そのまま唇を動かさずに「イ」と言う。

üe　この **e** も「エ」でよい。「ウ」の口で「イ」と言う音にすぐ続けて **e**「エ」へ。

üan　ü に鼻母音の **an** を続ける。

ün　ü に鼻母音の **en** を続ける。

❷ 子音（3）　舌面音　j/q/x　23

j　**（無気音）**唇を左右にしっかり引き、舌先を下歯の裏につけてから息を静かに出して日本語の「ジ」。

q　**（有気音）**唇を左右にしっかり引き、舌先を下歯の裏につけて一旦息をため込み、それを一気に出して「チ」。

x　唇を左右に引き、日本語の「シ」。

3 声調（3）“不 bù”の変調 24

“不” **bù** は第 4 声であるが、後ろに第 4 声が来ると、**bú** と第 2 声に変えて発音する。

bù のまま変化なし			第 2 声に変えて **bú**		
bù chī	bù lái	bù hǎo	bú huì	bú qù	bú jiàn
不吃	不来	不好	不会	不去	不见

4 ウムラウト（¨）の省略

子音［**j**］［**q**］［**x**］が母音〈**ü/üe/üan/ün**〉と結びついたとき、ウムラウトは省略される。

[j**ü**]	→	j**ù**tǐ	（具体）	[q**ü**]	→	q**ù**nián	（去年）
[j**üe**]	→	j**ué**dìng	（决定）	[x**üe**]	→	x**ué**wèi	（学位）
[j**üan**]	→	j**uān**kuǎn	（捐款）	[q**üan**]	→	q**uán**bù	（全部）
[j**ün**]	→	j**ūn**duì	（军队）	[q**ün**]	→	q**ún**jū	（群居）

ただし、〈**nü、nüe、lü、lüe**〉は省略できない。

[n**ü**]	→	n**ǚ**rén	（女人）	[n**üe**]	→	n**üè**dài	（虐待）
[l**ü**]	→	l**ǜ**shī	（律师）	[l**üe**]	→	qīnl**üè**	（侵略）

話してみよう。 25

A：对不起?　　Duìbuqǐ?
B：没关系?　　Méi guānxi?

A：谢谢?　　Xièxie?
B：不用谢?　　Búyòng xiè?

練習問題

1 発音を聞いて声調をつけなさい。 🔊26

(1) jia 家	(2) jiao 叫	(3) jin 紧	(4) jue 觉	(5) jie 借
(6) qiong 穷	(7) qiang 强	(8) qiu 求	(9) qing 晴	(10) quan 全
(11) xue 学	(12) xian 先	(13) xiao 小	(14) xiang 向	(15) xia 下
(16) jiang 江	(17) qian 前	(18) xiu 休	(19) xie 写	(20) jin 金

2 発音を聞いて下線部に正しい子音を書きなさい。 🔊27

(1) ＿＿iāo 交	(2) ＿＿iē 切	(3) ＿＿iào 校	(4) ＿＿īn 心	(5) ＿＿iǎn 浅
(6) ＿＿iàn 建	(7) ＿＿ié 鞋	(8) ＿＿iǔ 久	(9) ＿＿īng 清	(10) ＿＿ià 架
(11) ＿＿uě 雪	(12) ＿＿üè 略	(13) ＿＿ǚ 女	(14) ＿＿ǜ 绿	(15) ＿＿uán 泉
(16) ＿＿ué 绝	(17) ＿＿ún 群	(18) ＿＿iàn 件	(19) ＿＿iǎo 巧	(20) ＿＿iǔ 酒

3 発音を聞いて下線部に正しい母音を書き、声調をつけなさい。 🔊28

(1) b＿＿ 便	(2) p＿＿ 平	(3) m＿＿ 眠	(4) n＿＿ 鸟	(5) d＿＿ 定
(6) t＿＿ 天	(7) l＿＿ 留	(8) j＿＿ 九	(9) q＿＿ 却	(10) x＿＿ 旬
(11) q＿＿ 求	(12) j＿＿ 加	(13) x＿＿ 笑	(14) t＿＿ 条	(15) n＿＿ 牛
(16) l＿＿ 六	(17) t＿＿ 铁	(18) p＿＿ 票	(19) d＿＿ 叠	(20) x＿＿ 写

4 四声の組み合わせ練習（正しく発音しましょう）。 🔊29

(1) 1声＋1声　① jiāgōng　（加工：加工する）　② qiūtiān　（秋天：秋）

1声＋2声　① jiātíng　（家庭：家庭）　② xīnqíng　（心情：気持ち、心情）

1声＋3声　① xiūlǐ　（修理：修理する）　② jīnjiǎng　（金奖：最優秀賞）

1声＋4声　① qiānwàn　（千万：ぜひとも）　② xiānlì　（先例：先例、前例）

(2) 2声＋1声 ① jiéhūn （结婚：結婚する） ② qiántiān （前天：一昨日）

2声＋2声 ① qiáoliáng （桥梁：橋梁） ② qiúxué （求学：学校で勉強する）

2声＋3声 ① liúyǐng （留影：記念撮影する） ② línhǎi （林海：樹海）

2声＋4声 ① xiédài （鞋带：靴ひも） ② qíngxù （情绪：気分、嫌気）

(3) 3声＋1声 ① xiǎotōu （小偷：どろぼう） ② xuěduī （雪堆：雪を積んだ山）

3声＋2声 ① jǐnjí （紧急：緊急） ② qǐngqiú （请求：頼む、願う）

3声＋3声 ① jiětǐ （解体：解体する） ② qiǎnxiǎn （浅显：わかりやすい）

3声＋4声 ① xiěxìn （写信：手紙を書く） ② xiǎngniàn （想念：懐かしむ）

(4) 4声＋1声 ① jiàqī （假期：休みの間） ② jìnqīn （近亲：近親）

4声＋2声 ① xìngfú （幸福：幸福） ② jiàoxué （教学：教育、授業する）

4声＋3声 ① xiàngdǎo （向导：案内人、ガイド） ② xiànsuǒ （线索：手がかり、糸口）

4声＋4声 ① xiàndài （现代：現代、近代） ② jiànxiào （见笑：笑われる）

5 次の単語を発音して、子音を識別しましょう。 30

j-q

① jiāqiáng （加强：強める、強化する） ② qiújiào （求教：教えを請う）

③ qǐngjiǎn （请柬：招待状） ④ jīngqiǎo （精巧：精巧）

⑤ qíngjǐng （情景：情景、ありさま） ⑥ jiāoqing （交情：間柄、友情）

⑦ jiēqià （接洽：打ち合わせる） ⑧ qiánjǐng （前景：前景、見通し）

⑨ qiángjiǎo （墙角：塀や壁の角） ⑩ jīqiāng （机枪：機関銃）

⑪ qiǎngjiù （抢救：応急手当をする） ⑫ Jiànqiáo （剑桥：ケンブリッジ）

⑬ jiùqǐn （就寝：就寝する） ⑭ jiānqiáng （坚强：強靭である）

sì
Dì 第四课 kè

発　音（4）

1 母音（4）　3種のi

⑴ **zhi/chi/shi/ri**（音声記号［ʅ］）

このzh・ch・sh・rにつく**i**の音は、「そり舌」の舌の構えから自然に発せられる、はっきりしないこもった感じの音色。鋭い「イ」ではない。

⑵ **zi/ci/si**（音声記号［ɿ］）

口をやや左右に引いた、平たい口の形から発せられる「ウ」に似た音。**i**のイメージからはほど遠い音だが、丸い唇の「ウ」ではなく、あくまで平たい口形で。

⑶ **その他の子音につくi**（音声記号［i］）

2 子音（4）　そり舌音　zh/ch/sh/r　　舌歯音　z/c/s　🔊31

zh　**（無気音）**舌先を上の歯茎の出っ張りにそっと触れさせ、**i**音を添えて静かに息をはいて発音。

ch　**（有気音）**舌先を出っ張りに当て、そこに一旦息をため込んで後、**i**音を添えて息をパッとはき出して発音。

sh　舌先は出っ張りを狙うが、そこに触れないで**i**音を添えて発音。

r　出っ張りに触れないで「リ」と言うと、濁った「ジ」のような音が出る。

z　**（無気音）**口は左右に引いて平たい形。上下の歯を軽くかみ合わせ、舌先をその合わせ目あたりにつけ、静かな息で発音。

c　**（有気音）**無気音の**z**と同様の構えで、息を一旦ため込み、それを一気に破裂させて発音。

s　口を左右に引いて平たい形で「ス」。

3 声調（4） 第3声の連続変調

第3声の音節が連続すると、単語であれフレーズであれ、前の第3声を第2声に変えて発音する。ただし、声調符号を付ける場合には、3声符号のままで付け、発音時にのみ第2声に変えて言う。

ˇ ＋ ˇ → ˊ ＋ ˇ

zhěng 整 ＋ lǐ 理 → zhě(é)nglǐ 整理

shuǐ 水 ＋ guǒ 果 → shuǐ(í)guǒ 水果

4 "儿化" r（アル）化の音

単母音の er が、接尾辞として語の末尾について発音されるものを「**r 化**」という。以下はみな「**r 化**」した語で、舌先をちょっとそり上げて発音する。ピンイン表記では e を省略して r だけを記す。

花儿 huā**r**　　猫儿 māo**r**　　今儿 jīn**r**

5 隔音符号

a・o・e で始まる音節が、他の音節の後に続くとき、前の音節との切れ目を示すために用いる符号。

a. ① **xiān** "先"（まず）　　② **Xī'ān** "西安"（西安）

b. ① **kuài** "快"（速い）　　② **kù'ài** "酷爱"（非常に好き）

言ってみよう。 🔊32

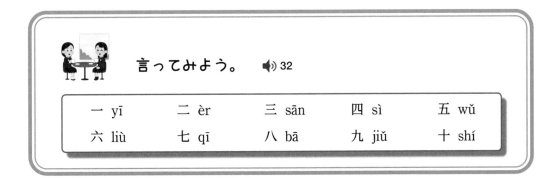

一 yī	二 èr	三 sān	四 sì	五 wǔ
六 liù	七 qī	八 bā	九 jiǔ	十 shí

1 発音を聞いて声調をつけなさい。 33

⑴ zhang 章	⑵ cheng 城	⑶ shou 手	⑷ ran 燃	⑸ zuo 左
⑹ cai 菜	⑺ song 松	⑻ zhao 招	⑼ chang 唱	⑽ shen 神
⑾ zui 最	⑿ cun 存	⒀ sou 搜	⒁ ren 人	⒂ zang 脏
⒃ cao 草	⒄ zheng 正	⒅ chao 炒	⒆ she 蛇	⒇ song 送

2 発音を聞いて下線部に正しい子音を書きなさい。 34

⑴ ____ào 照	⑵ ____uī 吹	⑶ ____uǐ 水	⑷ ____ù 入	⑸ ____ān 三
⑹ ____ǒu 走	⑺ ____ǎi 彩	⑻ ____àng 上	⑼ ____ài 在	⑽ ____áng 常
⑾ ____án 残	⑿ ____ōu 搜	⒀ ____àn 扇	⒁ ____uò 弱	⒂ ____ōu 抽
⒃ ____ēn 深	⒄ ____uǒ 所	⒅ ____óng 融	⒆ ____èng 赠	⒇ ____ù 促

3 発音を聞いて下線部に正しい母音を書き、声調をつけなさい。 35

⑴ zh____ 窄	⑵ ch____ 潮	⑶ sh____ 说	⑷ r____ 锐	⑸ z____ 最
⑹ c____ 村	⑺ s____ 森	⑻ zh____ 宅	⑼ ch____ 春	⑽ sh____ 山
⑾ r____ 肉	⑿ z____ 造	⒀ c____ 葱	⒁ s____ 赛	⒂ sh____ 生
⒃ z____ 早	⒄ zh____ 追	⒅ ch____ 出	⒆ c____ 才	⒇ r____ 忍

4 四声の組み合わせ練習（正しく発音しましょう）。 36

⑴ 1声＋1声　① zhēnsī　（真丝：絹糸、シルク）　② shānqiū　（山丘：丘）

　1声＋2声　① sōuchá　（搜查：捜査する）　② cūnmín　（村民：村の住民）

　1声＋3声　① sīxiǎng　（思想：思想）　② zīběn　（资本：資本）

　1声＋4声　① chāoshì　（超市：スーパーマーケット）　② zāihài　（灾害：災害）

(2) 2声＋1声	① chóujiā	（仇家：かたき、あだ）	② cúndān	（存单：預金証書）
2声＋2声	① cháifáng	（柴房：たきぎ小屋）	② cáncún	（残存：かすかに残っている）
2声＋3声	① réntǐ	（人体：人体）	② súyǔ	（俗语：ことわざ、俚諺）
2声＋4声	① suíbiàn	（随便：勝手にする）	② shúliàn	（熟练：熟練している）
(3) 3声＋1声	① zhǎngshēng	（掌声：拍手の音）	② zǎoxiān	（早先：以前）
3声＋2声	① zǒngjié	（总结：総括する）	② zhǔnzé	（准则：原則、基準、規範）
3声＋3声	① zhěngtǐ	（整体：全体、総体）	② shuǐjǐng	（水井：井戸）
3声＋4声	① shǎndiàn	（闪电：稲光（がする））	② rěnnài	（忍耐：忍耐する）
(4) 4声＋1声	① chànggē	（唱歌：歌を歌う）	② sànxīn	（散心：気晴らしをする）
4声＋2声	① zhèngcháng	（正常：正常）	② sòngbié	（送别：送別する）
4声＋3声	① ròutǐ	（肉体：肉体、身体）	② sàichǎng	（赛场：試合場、競技場）
4声＋4声	① zàijiàn	（再见：さようなら）	② shùnlì	（顺利：順調（に））

5 次の単語を発音して、子音を識別しましょう。 37

zh-ch	① zhǔchí （主持：主宰する）		② chǎngzhǎng （厂长：工場長）	
	③ zhùchù （住处：住む所、泊まる所）		④ zhàocháng （照常：いつものように）	
	⑤ zhuàngchē （撞车：車が衝突する）		⑥ zhǎnchū （展出：展示する、展覧する）	
	⑦ chūnzhuāng （春装：春の服装）		⑧ zhànchǎng （战场：戦場）	
z-c	① zuòcì （座次：席次、席順）		② cúnzài （存在：存在する）	
	③ zǎocāo （早操：朝の体操）		④ cāozòng （操纵：操縦する）	
	⑤ cáozá （嘈杂：がやがやと騒がしい）		⑥ zǎocān （早餐：朝食、朝ご飯）	
	⑦ cáizǐ （才子：才子、文才のある人）		⑧ cānzàn （参赞：参事官）	

❶ 子音一覧表

	無気音	有気音	摩擦音	鼻　音	側面音
唇　　音	b	p	f	m	
舌 尖 音	d	t		n	l
舌 根 音	g	k	h		
舌 面 音	j	q	x		
そり舌音	zh	ch	sh		r
舌 歯 音	z	c	s		

☆「舌面音」「そり舌音」「舌歯音」の舌先位置に注意しよう。

舌面音	そり舌音	舌歯音

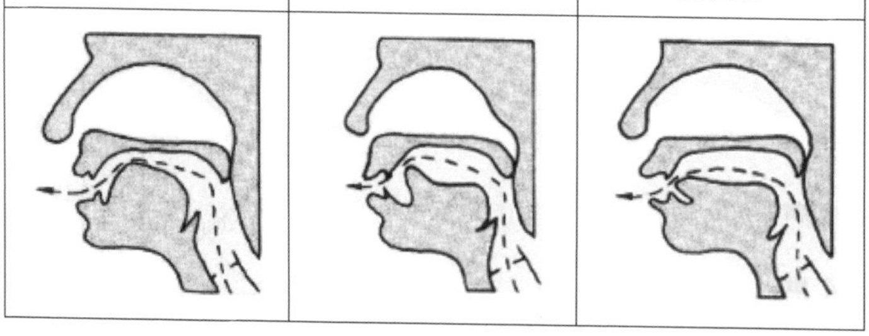

❷ 母音一覧表

単母音：a　o　e　i　u　ü　er　-i[ʅ]　-i[ɿ]

複母音：ai　ei　ao　ou / ia　ie　iao　iou(-iu) / ua　uo　uai　uei(-ui) / üe

鼻母音：an　en　ang　eng　ong / ian　in　iang　ing　iong / uan　uen(-un)　uang　ueng / üan　ün

❸ 音節の基本構造

音節	声母（子音）	声調	韻母（母音）		
			介音	主母音	尾音
练 liàn	l	第 4 声	i	a	n
习 xí	x	第 2 声		i	
汉 hàn	h	第 4 声		a	n
语 yǔ		第 3 声		ü	
发 fā	f	第 1 声		a	
音 yīn		第 1 声		i	n

4 母音が単独で音節をなす時の表記法

母音	表記	例語	母音	表記	例語
i	yi	yīshēng（医生）	u	wu	wǔqì（武器）
ia	ya	yālì（压力）	ua	wa	wàzi（袜子）
ie	ye	shùyè（树叶）	uo	wo	wǒmen（我们）
iao	yao	yāoqiú（要求）	uai	wai	wàiguó（外国）
iou	you	yōuxiù（优秀）	wei	wei	wèishēng（卫生）
ian	yan	yáncháng（延长）	uan	wan	wánquán（完全）
iang	yang	zhōngyāng（中央）	uen	wen	wénhuà（文化）
in	yin	yínháng（银行）	uang	wang	wàngjì（忘记）
ing	ying	yīngxióng（英雄）	ueng	weng	lǎowēng（老翁）
iong	yong	zuòyòng（作用）			
ü	yu	dàyǔ（大雨）	üan	yuan	huāyuán（花园）
üe	yue	wǔ yuè（五月）	ün	yun	yùnshū（运输）

5 声調の組み合わせ　38

声調	1声	2声	3声	4声
1声	Dōngjīng 东京（東京） Xī'ān 西安	Gōngchéng 宫城 Yāntái 烟台	Shānkǒu 山口 Qīngdǎo 青岛	Qiānyè 千叶（千葉） Shēnzhèn 深圳
2声	Fúgāng 福冈（福岡） Nánjīng 南京	Chángqí 长崎（長崎） Héféi 合肥	Fújǐng 福井 Táiběi 台北	Qíyù 埼玉 Chóngqìng 重庆（重慶）
3声	Dǎogēn 岛根（島根） Běijīng 北京	Mǐzé 米泽（米沢） Shěnyáng 沈阳（沈陽）	Guǎngdǎo 广岛（広島） Hǎikǒu 海口	Zuǒhè 佐贺（佐賀） Wǔhàn 武汉（武漢）
4声	Dàfēn 大分 Shàoxīng 绍兴（紹興）	Nàiliáng 奈良 Dàlián 大连（大連）	Dàbǎn 大阪 Shànghǎi 上海	Làihù 濑户（瀬戸） Rìzhào 日照

練習問題

1 発音を聞いて、正しいピンイン表記を、それぞれ①～④の中から１つ選びなさい。 39

(1) 白	① bǎi	② pái	③ bái	④ pài	(11) 高	① kāo	② kōu	③ gāo	④ gōu
(2) 跑	① pǎo	② bǎo	③ póu	④ báo	(12) 看	① gàng	② kàng	③ gàn	④ kàn
(3) 至	① zì	② chì	③ cì	④ zhì	(13) 会	① huì	② hēi	③ kài	④ gài
(4) 谈	① dǎn	② tán	③ dǎng	④ táng	(14) 叫	① qiào	② jiào	③ xiào	④ jiù
(5) 绍	① sào	② shòu	③ sōu	④ shào	(15) 修	① jiū	② xiū	③ xiāo	④ jiāo
(6) 敢	① gǎng	② gǎn	③ káng	④ kǎn	(16) 成	① chěn	② chěng	③ chén	④ chéng
(7) 笑	① xiào	② xiàng	③ xiù	④ shào	(17) 手	① shǒu	② shóu	③ sǒu	④ sóu
(8) 街	① jiē	② qiē	③ xiē	④ niē	(18) 走	① zhǒu	② zǒu	③ chǒu	④ cǒu
(9) 苗	① mǎo	② miǎo	③ miáo	④ máo	(19) 餐	① zān	② zāng	③ cāng	④ cān
(10) 飞	① hēi	② fēi	③ fēn	④ hén	(20) 送	① sùn	② sòng	③ còng	④ cùn

2 発音を聞いて、下線部にピンインを書き、声調をつけなさい。 40

(1) 爸爸（父）	＿＿＿＿＿＿	(11) 法国（フランス）	＿＿＿＿＿＿
(2) 妈妈（母）	＿＿＿＿＿＿	(12) 德国（ドイツ）	＿＿＿＿＿＿
(3) 哥哥（兄）	＿＿＿＿＿＿	(13) 俄国（ロシア）	＿＿＿＿＿＿
(4) 姐姐（姉）	＿＿＿＿＿＿	(14) 韩国（韓国）	＿＿＿＿＿＿
(5) 弟弟（弟）	＿＿＿＿＿＿	(15) 香港	＿＿＿＿＿＿
(6) 妹妹（妹）	＿＿＿＿＿＿	(16) 泰国（タイ）	＿＿＿＿＿＿
(7) 中国	＿＿＿＿＿＿	(17) 台湾	＿＿＿＿＿＿
(8) 日本	＿＿＿＿＿＿	(18) 澳大利亚（オーストラリア）	＿＿＿＿＿＿
(9) 美国（アメリカ）	＿＿＿＿＿＿	(19) 意大利（イタリア）	＿＿＿＿＿＿
(10) 英国	＿＿＿＿＿＿	(20) 新加坡（シンガポール）	＿＿＿＿＿＿

3 次の誤っているピンイン表記を直しなさい。

(1) qiōu ＿＿＿＿
(2) duèn ＿＿＿＿
(3) geǐ ＿＿＿＿
(4) kuēn ＿＿＿＿
(5) duèi ＿＿＿＿
(6) uǒ ＿＿＿＿
(7) uán ＿＿＿＿
(8) uěi ＿＿＿＿
(9) yiǒu ＿＿＿＿
(10) húen ＿＿＿＿
(11) doù ＿＿＿＿
(12) gùi ＿＿＿＿
(13) xìu ＿＿＿＿
(14) xiòu ＿＿＿＿
(15) iān ＿＿＿＿
(16) ǚ ＿＿＿＿
(17) yiào ＿＿＿＿
(18) huéi ＿＿＿＿
(19) ǔ ＿＿＿＿
(20) uàng ＿＿＿＿

4 次の子音と母音の違いを注意して発音しましょう。 41

(1) **i-ü**
① míngyì（名义：名義） míngyù（名誉：名誉）
② jīyā（鸡鸭：ニワトリとアヒル） jūyā（拘押：拘禁する）

(2) **u-ü**
① xiàwǔ（下午：午後） xiàyǔ（下雨：雨が降る）
② lùshui（露水：露） lǜshuǐ（绿水：青い海と川）

(3) **an-ang**
① bànqiú（半球：地球の半球） bàngqiú（棒球：野球）
② dānxīn（担心：心配する） dāngxīn（当心：気をつける）

(4) **ian-iang**
① qiánbì（钱币：貨幣） qiángbì（墙壁：壁、塀）
② shíjiàn（实践：実践する） shíjiàng（石匠：石細工職人）

(5) **uan-uang**
① guānmíng（官名：官職名） guāngmíng（光明：光明）
② huánchéng（环城：都市のまわり） huángchéng（皇城：宮城）

⑹ **en-eng**	① qīnshēn（亲身：自ら、自分で）	qīnshēng（亲生：自分が産む）
	② guāfēn（瓜分：分割する）	guāfēng（刮风：風が吹く）
⑺ **in-ing**	① rénmín（人民：人民）	rénmíng（人名：人の名前）
	② xīnzuò（新作：新しい作品）	xīngzuò（星座：星座）
⑻ **b-p**	① biǎobái（表白：弁明する）	piǎobái（漂白：漂白する）
	② bèifú（被服：被服）	pèifu（佩服：敬服する）
⑼ **d-t**	① dùzi（肚子：腹）	tùzi（兔子：ウサギ）
	② dānxīn（担心：心配する）	tānxīn（贪心：欲が深い）
⑽ **g-k**	① tiāngōng（天宫：天宮）	tiānkōng（天空：空）
	② huìguǎn（会馆：会館）	huìkuǎn（汇款：為替で送金する）
⑾ **h-f**	① hēiyè（黑夜：暗夜）	fēiyè（扉页：書物の扉）
	② gōnghuì（工会：労働組合）	gōngfèi（公费：公費）
⑿ **j-q**	① jīqì（机器：機械）	qīqì（漆器：漆器）
	② jiēkāi（揭开：はがす）	qiēkāi（切开：切り離す）
⒀ **zh-ch**	① zhǎnchū（展出：展示する）	chǎnchū（产出：生産する）
	② zhāoshì（招式：演技の型）	chāoshì（超市：スーパーマーケット）
⒁ **ch-q**	① chǐzi（尺子：物差し）	qǐzi（起子：ねじ回し、ドライバー）
	② chìsè（赤色：赤色）	qìsè（气色：顔色、血色）
⒂ **zh-j**	① zhìdù（制度：制度）	jídù（忌妒：ねたむ、そねむ）
	② zhǐzhāng（纸张：紙類）	jǐ zhāng（几张：何枚）
⒃ **sh-x**	① shīshēng（师生：教師と学生）	xīshēng（牺牲：命をささげる）
	② shíjiān（时间：時間）	xíjiān（席间：宴席で）
⒄ **r-l**	① rìzi（日子：日、期日）	lìzi（栗子：クリの実）
	② róngyán（容颜：容貌）	lóngyán（龙颜：天子の御顔）

⑱ **z-c** ① zuòwèi（坐位：座席） cuòwèi（错位：位置をずらす）

② dàzōng（大宗：大量、多額） dàcōng（大葱：長ネギ）

⑲ **ch-c** ① chánshī（禅师：禅師） cánsī（蚕丝：生糸）

② mùchái（木柴：柴、薪） mùcái（木材：木材、材木）

⑳ **zh-z** ① zhànshí（战时：戦時、戦争中） zànshí（暂时：しばらく、暫時）

② Zhōngguó（中国：中国） zǔguó（祖国：祖国）

㉑ **sh-s** ① shāngyè（商业：商業） sāngyè（桑叶：桑の葉）

② dàshān（大山：高い山） dàsān（大三：大学３年生）

5 次の都市の名前を正しく読みましょう。 🔊42

声調	1声	2声	3声	4声
1声	Bō'ēn 波恩（ボン）	Bālí 巴黎（パリ）	Xiānggǎng 香港	Shēnzhèn 深圳（シンセン）
2声	Lúndūn 伦敦（ロンドン）	Bólín 柏林（ベルリン）	Luómǎ 罗马（ローマ）	Hénèi 河内（ハノイ）
3声	Niǔyuē 纽约（ニューヨーク）	Mǐlán 米兰（ミラノ）	Shǒu'ěr 首尔（ソウル）	Bǐsà 比萨（ピサ）
4声	Luòsāng 洛桑（ローザンヌ）	Àomén 澳门（マカオ）	Màngǔ 曼谷（バンコク）	Wànxiàng 万象（ビエンチャン）

wǔ
Dì 第五课 kè

Nǐ jiào shénme míngzi?
你叫什么名字？

1

43

Nǐ jiào shénme míngzi?
A：你 叫 什么 名字?

Wǒ jiào Lǐ Hàohuī.
B：我 叫 李 浩辉。

Nǐ shì liúxuéshēng ma?
A：你 是 留学生 吗?

Wǒ shì liúxuéshēng.
B：我 是 留学生。

Tā yě shì liúxuéshēng ma?
A：他 也 是 留学生 吗?

Bù, tā shì lǎoshī.
B：不，他 是 老师。

你	**nǐ**	君、あなた	留学生	**liúxuéshēng**	留学生
叫	**jiào**	（名前は）…という	吗	**ma**	〔助詞〕質問・疑問を表す
什么	**shénme**	なに、どんな	他	**tā**	彼
名字	**míngzi**	（人の）名、名前	也	**yě**	…も
我	**wǒ**	私、ぼく	不	**bù**	いいえ、…しない、…ではない
是	**shì**	…だ、…である	老师	**lǎoshī**	先生、教師

2

44

Nín guìxìng?
A：您 贵姓?

Wǒ xìng Wáng.
B：我 姓 王。

Nín shì lǎoshī ma?
A：您 是 老师 吗?

Shì, wǒ shì lǎoshī.
B：是，我 是 老师。

Nín shì Rìběnrén ma?
A：您 是 日本人 吗?

Bù, wǒ shì Zhōngguórén.
B：不，我 是 中国人。

您	**nín**	〔敬称〕あなた、あなたさま	日本人	**Rìběnrén**	日本人
贵姓	**guìxìng**	〔敬称〕お名前、ご芳名	中国人	**Zhōngguórén**	中国人
姓	**xìng**	姓は…である			

学習ポイント

1 名前の言い方・尋ね方

(1) 名前の言い方は名字（姓）のみとフルネーム（姓名）を名乗る２パターンがある。

a. 動詞“姓 xìng”を使って名字を名乗る。

我**姓**高。	Wǒ xìng Gāo.	私の名前（名字）は高です。
老师**姓**山田。	Lǎoshī xìng Shāntián.	先生のお名前（名字）は山田です。

b. 動詞“叫 jiào”を使ってフルネーム名乗る。

我**叫**高悠悠。	Wǒ jiào Gāo Yōuyōu.	私の名前は高 悠悠といいます。
老师**叫**山田大介。	Lǎoshī jiào Shāntián Dàjiè.	先生のお名前は山田 大介とおっしゃいます。

(2) 名前を尋ねるには、３パターンの尋ね方がある。

a. 您贵姓?	Nín guìxìng.	ご名字をうかがえますか。
b. 你姓什么?	Nǐ xìng shénme?	ご名字は何とおっしゃいますか。
c. 你叫什么名字?	Nǐ jiào shénme míngzi?	あなたのお名前（フルネーム）は。

2 人称代名詞

第１人称	単数	**我** wǒ 私		
		我是日本人。	Wǒ shì Rìběnrén.	私は日本人です。
	複数	**我们** women 私たち		
		我们不是留学生。	Wǒmen bú shì liúxuéshēng.	私たちは留学生ではない。
第２人称	単数	**你** nǐ あなた		
		你叫什么名字?	Nǐ jiào shénme míngzi?	お名前は何と言いますか。
	複数	**你们** nǐmen あなたたち		
		你们是学生吗?	Nǐmen shì xuésheng ma?	あなたたちは学生ですか。
第３人称	単数	**他，她** tā 彼、彼女		
		他（她）是老师。	Tā shì lǎoshī.	彼（彼女）は先生です。
	複数	**他们，她们** tāmen 彼ら、彼女たち		
		他们是学生。	Tāmen shì xuésheng.	彼らは学生です。
疑問		**谁** shéi だれ		
		他是**谁**?	Tā shì shéi?	彼はだれですか。
		谁是王丽?	shéi shì Wánglì?	だれが王麗ですか。

3 判断文（動詞“是 shì”）

動詞“**是**”を使って主語と目的語をつないで、事物の判断、断定を表現する。

肯　定	主語 ＋ **是** ＋ 目的語 …は…である	他爸爸**是**老师。　Tā bàba shì lǎoshī. 彼のお父さんは先生です。 我**是**大学生。　Wǒ shì dàxuéshēng. 私は大学生です。
否　定	主語 ＋ **不是** ＋ 目的語 …は…ではない	他**不是**老师。　Tā bú shì lǎoshī. 彼は先生ではありません。 我**不是**大学生。　Wǒ bú shì dàxuéshēng. 私は大学生ではありません。
疑　問	主語 ＋ **是** ＋ 目的語 ＋ **吗?** 主語 ＋ **是不是** ＋ 目的語？ …は…ですか	他**是**老师**吗**?　Tā shì lǎoshī ma? 他**是不是**老师?　Tā shì bu shì lǎoshī? 彼は先生ですか。

4 “吗 ma”疑問文

文末に“**吗**”をつけて表す。これが最も基本的な疑問文の表現です。

你是大学生**吗**?	Nǐ shì dàxuéshēng ma?	あなたは大学生ですか。
——是。我是大学生。	Shì. Wǒ shì dàxuéshēng.	そうです。私は大学生です。
他们是留学生**吗**?	Tāmen shì liúxuéshēng ma?	彼らは留学生ですか。
——不。他们不是留学生。	Bù. Tāmen bú shì liúxuéshēng.	いいえ。彼らは留学生ではありません。

中国の人口

中国の総人口は 14 億 1,178 万人（2022 年 9 月）であり、世界で二番目に人口の多い国である。人口の分布から見ると、温暖で交通・商業の発達した東部沿海地域は人口密度が高く、中部地域はその次で、西部高原地域は人口がまばらである。また、工業・商業の発展に伴っている人口が都市に集中し、農村では著しく減少した。

練習問題

1 次の単語のピンインと意味を書きなさい。

	中国語	ピンイン	日本語意味		中国語	ピンイン	日本語意味
(1)	什么			(2)	您		
(3)	名字			(4)	我		
(5)	中国			(6)	老师		
(7)	日本			(8)	也		
(9)	留学生			(10)	贵姓		

2 次のピンインを漢字に直し、日本語に訳しなさい。

(1) Nín shì lǎoshī ma?

------------------------------ → ______________________________

(2) Nǐ jiào shénme míngzi?

------------------------------ → ______________________________

(3) Bù, tā bú shì liúxuéshēng.

------------------------------ → ______________________________

3 正しい文を作って空欄を埋め、会話を完成させなさい。

(1) A：------------------------------?

B：我姓山田。

A：------------------------------?

B：不，我不是留学生。

A：------------------------------?

B：是。他是留学生。

(2) A：------------------------------?

B：老师不是中国人。

A：------------------------------?

B：她叫山本奈美。

A：------------------------------?

B：是。她是中国人。

4 次の中国語の誤りを直しなさい。

(1) 你什么名字叫? → ------------------------------

(2) 她也中国人不是。 → ------------------------------

(3) 我不老师。 → ------------------------------

5 次の単語を並べ替えて文を作り、日本語に訳しなさい。

(1) 我、山田、叫、一太郎

______________________ → ______________________

(2) 是、他、中国人、不、日本人、是

______________________ → ______________________

(3) 他、山本、日本、姓、留学生、是

______________________ → ______________________

6 次の文を日本語に訳しなさい。

我姓李，叫李小山，是中国北京人。他叫山本大介，是日本京都人。山本是留学生。我不是学生，是老师。我们是好朋友（良い友達）。

____

____

____

7 漢字とピンインで自分の名前を空欄に書いて、完成した文を暗唱しましょう。

你好。我姓________，叫____________。我不是中国人，是日本人。我也不是老师，我是学生。

Nǐ hǎo. Wǒ xìng ________, jiào ____________. Wǒ bú shì Zhōngguórén, shì Rìběnrén. Wǒ yě bú shì lǎoshī, wǒ shì xuésheng.

8 次の質問に中国語で答えなさい。

(1) 你姓什么?

(2) 你叫什么名字?

(3) 你是日本人吗?

(4) 你是中国人吗?

(5) 你是老师吗?

(6) 你是学生吗?

(7) 你是留学生吗?

Dì liù kè
第六课

Nǐ jiā yǒu jǐ kǒu rén?
你家有几口人？

1

45

Nǐ jiā yǒu jǐ kǒu rén?
A：你家有几口人？

Wǔ kǒu rén.
B：五口人。

Nǐ yǒu gēge hé jiějie ma?
A：你有哥哥和姐姐吗？

Wǒ yǒu gēge, méiyǒu jiějie.
B：我有哥哥，没有姐姐。

Yǒu dìdi hé mèimei ma?
A：有弟弟和妹妹吗？

Wǒ méiyǒu dìdi, yǒu yī ge mèimei.
B：我没有弟弟，有一个妹妹。

家	**jiā**	家庭、家族
有	**yǒu**	持つ、ある、いる
几	**jǐ**	いくつ、いくら
口	**kǒu**	人を数える助数詞
哥哥	**gēge**	兄
和	**hé**	…と
姐姐	**jiějie**	姉
没有	**méiyǒu**	持っていない、ない
弟弟	**dìdi**	弟
妹妹	**mèimei**	妹
个	**ge**	最も広く用いられる助数詞

2

46

Nǐ bàba shì lǎoshī ma?
A：你 爸爸 是 老师 吗?

Shì. Wǒ bàba shì lǎoshī.
B：是。我 爸爸 是 老师。

Nǐ māma ne?
A：你 妈妈 呢?

Wǒ māma shì gōngwùyuán.
B：我 妈妈 是 公务员。

Tāmen duōdà niánjì le?
A：他们 多大 年纪 了?

Wǒ bàba wǔshí suì, māma sìshibā suì.
B：我 爸爸 五十 岁，妈妈 四十八 岁。

爸爸	**bàba**	父
妈妈	**māma**	母
呢	**ne**	…か？…は？
公务员	**gōngwùyuán**	公務員
他们	**tāmen**	彼ら
多大	**duōdà**	（年齢について）何歳
年纪	**niánjì**	年齢、年
了	**le**	…になる、…になった
岁	**suì**	歳

学習ポイント

1 家族の呼称（☞ 付録 2：家族・親戚の呼び方）

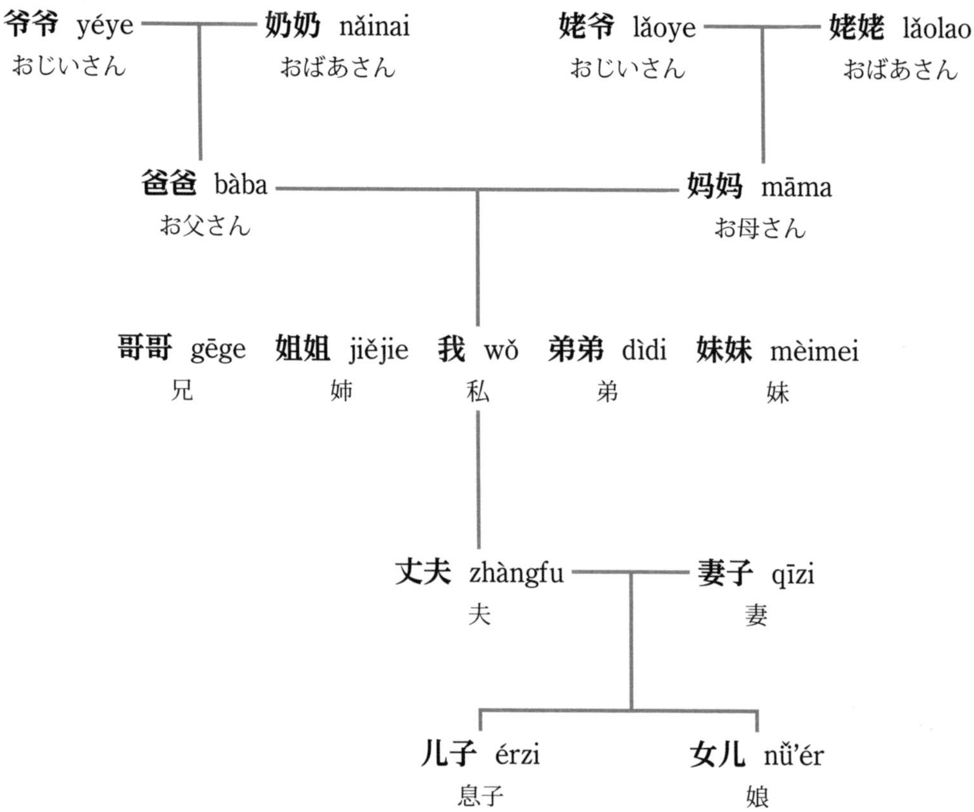

2 所有の“有 yǒu”

“**有**”は「…を持っている」という所有の意味を表す動詞です。

肯定	（人）＋ **有** ＋ 物・人 （人）は（物／人）を持っている	**他有**哥哥和弟弟。 Tā yǒu gēge hé dìdi. 彼には兄と弟がいます。 **我有中国小说。** Wǒ yǒu Zhōngguó xiǎoshuō. 私は中国の小説を持っています。
否定	（人）＋ **没有** ＋ 物・人 （人）は（物／人）を持っていない	**他没有**妹妹。 Tā méiyǒu mèimei. 彼には妹がいません。 **我没有电脑。** Wǒ méiyǒu diànnǎo. 私はパソコンを持っていません。
疑問	（人）＋ **有** ＋ 物・人 ＋ **吗?** （人）＋ **有没有** ＋ 物・人？ （人）は（物／人）を持っていますか？	**他有**姐姐**吗?** Tā yǒu jiějie ma? 彼には姉さんがいますか。 **你有没有电脑?** Nǐ yǒu méiyǒu diànnǎo? あなたはパソコンを持っていますか。

注意！ 動詞“**有**”は、必ず副詞“**没**”で否定し、「…を持っていない」は“**没有…**”になる。

3 数詞（中国語の数え方）

(1) 0から99までの数字：日本語と同じ

一 yī　二 èr　…　十一 shíyī　…　十三 shísān　…　二十 èrshí　二十一 èrshiyī　…

九十九 jiǔshijiǔ

(2) 100以上のの数字：百、千、万の単位の前には必ず“一”を付け加える。

一百 yì bǎi　一千 yì qiān　一万 yí wàn

(3) 3桁以上の数字で零があれば、その場所に必ず“零 líng”という漢字を入れる。

一百零五（105）　一千零五十（1050）

間に零が2つ以上続く場合、零は一つです。一千零六（1006）　一万零六（10006）

4 常用量詞（☞付録4：常用量詞）

个 ge　（人 rén 人，国家 guójiā 国家，苹果 píngguǒ リンゴ，鸡蛋 jīdàn たまご）

台 tái　（电视机 diànshìjī テレビ，电脑 diànnǎo パソコン，收音机 shōuyīnjī ラジオ）

张 zhāng　（纸 zhǐ 紙，地图 dìtú 地図，照片 zhàopiàn 写真，桌子 zhuōzi 机）

支 zhī　（钢笔 gāngbǐ ペン，铅笔 qiānbǐ 鉛筆，毛笔 máobǐ 筆，粉笔 fěnbǐ チョーク）

件 jiàn　（衣服 yīfu 服，家具 jiājù 家具，工具 gōngjù 工具，事情 shìqing 事柄）

本 běn　（书 shū 本，词典 cídiǎn 辞書，杂志 zázhì 雑誌，小说 xiǎoshuō 小説）

辆 liàng　（汽车 qìchē 自動車，火车 huǒchē 汽車，自行车 zìxíngchē 自転車）

条 tiáo　（河 hé 川，街道 jiēdào 街路，蛇 shé ヘビ，领带 lǐngdài ネクタイ）

只 zhī　（鸭子 yāzi アヒル，羊 yáng 羊，老虎 lǎohǔ トラ，鸡 jī ニワトリ）

双 shuāng（鞋 xié 靴，袜子 wàzi 靴下，手套 shǒutào 手袋，筷子 kuàizi 箸）

中国の民族構成

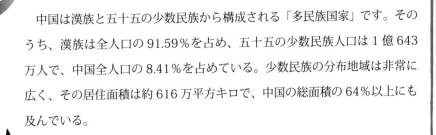

中国は漢族と五十五の少数民族から構成される「多民族国家」です。そのうち、漢族は全人口の91.59％を占め、五十五の少数民族人口は1億643万人で、中国全人口の8.41％を占めている。少数民族の分布地域は非常に広く、その居住面積は約616万平方キロで、中国の総面積の64％以上にも及んでいる。

練習問題

1 次の単語のピンインと意味を書きなさい。

	中国語	ピンイン	日本語意味		中国語	ピンイン	日本語意味
(1)	家			(2)	哥哥		
(3)	姐姐			(4)	没有		
(5)	弟弟			(6)	妹妹		
(7)	爸爸			(8)	公务员		
(9)	多大			(10)	年纪		

2 次のピンインを漢字に直し、日本語に訳しなさい。

(1) Nǐ bàba shì lǎoshī ma?

______________ → ______________

(2) Nǐ yǒu dìdi hé mèimei ma?

______________ → ______________

(3) Wǒ méi yǒu gēge, yǒu yī ge jiějie.

______________ → ______________

3 空欄に適当な量詞を入れなさい。

一______国家　两______电视机　三______毛笔　四______桌子

五______词典　六______毛衣　七______自行车　八______领带

九______杂志　十______河　三______电脑　五______汽车

一______照片　两______铅笔　七______书　四______鱼

4 次の中国語の誤りを直しなさい。

(1) 老师家几口人有?　→ ______________

(2) 她弟弟没有，哥哥有。→ ______________

(3) 他爸爸多大岁了?　→ ______________

5 次の単語を並べ替えて文を作り、日本語に訳しなさい。

(1) 我、四十六、妈妈、岁

_______________ → _______________

(2) 爸爸、大学、是、老师、他

_______________ → _______________

(3) 我、一、没有、个、哥哥、有、弟弟

_______________ → _______________

6 次の文を日本語に訳しなさい。

我姓山田，叫山田未来。我家有六口人。我爸爸五十五岁，他是医生（医者）。我妈妈是小学（小学校）老师，她五十二岁。我哥哥三十一岁，他是律师（lǜshī 弁護士）。我妹妹二十岁，她是大学生（dàxuéshēng 大学生）。我弟弟十六岁，他是高中生（gāozhōngshēng 高校生）。我是公司职员（gōngsī zhíyuán 会社員），今年二十八岁。

____

____

____

7 自分の名前、年齢と家族人数などを中国の漢字とピンインで空欄を埋め、完成した文を暗唱しましょう。

我叫_______，_____岁。我是大学生。我家有_____口人。

Wǒ jiao _______, _____ suì. Wǒ shì dàxuéshēng. Wǒ jiā yǒu _____ kǒu rén.

8 次の質問に中国語で答えなさい。

(1) 你家有几口人?

(2) 你是老师（公务员）吗?

(3) 你有哥哥（姐姐、弟弟、妹妹）吗?

(4) 你爸爸是老师（公务员）吗?

6

Dì qī kè
第七课

Zhè shì shénme?
这是什么？

1

47

Zhè shì shénme?
A：这是什么？

Zhè shì wūlóngchá.
B：这是乌龙茶。

Shì nǐ de ma?
A：是你的吗？

Shì wǒ de.
B：是我的。

Nà yě shì wūlóngchá ma?
A：那也是乌龙茶吗？

Bú shì. Nà shì mòlìhuāchá.
B：不是。那是茉莉花茶。

这	**zhè**	これ、この	那	**nà**	それ、あれ、その、あの
乌龙茶	**wūlóngchá**	ウーロン茶	茉莉花茶	**mòlìhuāchá**	ジャスミン茶
的	**de**	…の、…な			

2

🔊 48

Zhè shì shéi de kèběn?
A：这 是 谁 的 课本?

Wǒ de.
B：我 的。

Zhèxiē Zhōngwén shū dōu shì nǐ de ba?
A：这些 中文 书 都 是 你 的 吧?

Bù dōu shì wǒ de.
B：不 都 是 我 的。

Nàxiē Rìyǔ shū shì shéi de?
A：那些 日语 书 是 谁 的?

Shì Shāntián lǎoshī de.
B：是 山田 老师 的。

谁	**shéi**	誰
课本	**kèběn**	教科書
这些	**zhèxiē**	これら
中文	**Zhōngwén**	中国語
书	**shū**	本
都	**dōu**	すべて、みんな
吧	**ba**	文末につけて推察の意を表す
那些	**nàxiē**	それら、あれら
日语	**Rìyǔ**	日本語

学習ポイント

1 指示代名詞 “这 zhè・这个 zhège・这些 zhèxiē・那 nà・那个 nàge・那些 nàxiē”

近称	単数	**这** zhè これ **这个** zhège この 这是我哥哥的电脑。 Zhè shì wǒ gēge de diànnǎo. これは兄のパソコンです。 这个老师是英语老师。 Zhège lǎoshī shì yīngyǔ lǎoshī. この先生は英語の先生です。
	複数	**这些** zhèxiē これら 这些都是学校的电视机。 Zhèxiē dōu shì xuéxiào de diànshìjī. これらはすべて学校のテレビです。 这些书是我和山田的。 Zhèxiē shū shì wǒ hé Shāntián de. これらの本は私と山田さんのものです。
遠称	単数	**那** nà それ、あれ **那个** nàge その、あの 那是我男朋友的手机。 Nà shì wǒ nánpéngyou de shǒujī. それは私のボーイフレンドのスマホです。 那个学校是我的母校。 nàge xuéxiào shì wǒ de mǔxiào. あの学校は私の母校です。
	複数	**那些** nàxiē それら、あれら 那些人是中国留学生吗? Nàxiē rén shì Zhōngguó liúxuéshēng ma? あれらの人は中国人留学生ですか。 那些老师不是日本人。 Nàxiē lǎoshī bú shì Rìběnrén. あれらの先生は日本人ではありません。

2 副詞 “也 yě”・“都 dōu”

a. **“也”**（…も）

二つの事柄が同じであることを表す。前後二つの主述句に用いることもできるし、後の主述句のみに用いることもできる。

［主語が異なり、述語が同じ］

山田是留学生，我**也**是留学生。 Shāntián shì liúxuéshēng, wǒ yě shì liúxuéshēng.

山田さんは留学生で、私も留学生です。

［主語が同じで，述語が異なる］

她爸爸是医生，**也**是律师。 Tā bàba shì yīshēng, yě shì lǜshī.

彼女のお父さんは医者であり、弁護士でもあります。

b. **“都”**（すべて）

我们班的学生**都**是留学生。 Wǒmen bān de xuésheng dōu shì liúxuéshēng.

私達クラスの学生はみんな留学生です。

那些书**都**是学校图书馆的。 Nàxiē shū dōu shì xuéxiào túshūguǎn de.

これらの本はすべて学校図書館のものです。

注意！ “都不…”：全否定　“不都…”：部分否定

我们**都不**是留学生。　Wǒmen dōu bú shì liúxuéshēng.

私たちはみんな留学生ではない。（留学生は 1 人もいない。）

我们**不都**是留学生。　Wǒmen bù dōu shì liúxuéshēng.

私たちはみんなが留学生ではない。（全員留学生というわけではない。）

3 構造助詞“的 de”

“的”は、修飾語と被修飾語の間に置く。連体修飾語として名詞を修飾し、所属関係を表す。

我**的**衣服　wǒ de yīfu　私の服　中国**的**首都　Zhōngguó de shǒudū　中国の首都

学校**的**图书馆　xuéxiào de túshūguǎn　学校の図書館

山田**的**弟弟　Shāntián de dìdì　山田さんの弟

A と B とが密切な関係にある場合には、“的”は省略することができます。

我妈妈　wǒ māma　私の母　美国政府　Měiguó zhèngfǔ　アメリカ政府

大学教授　dàxué jiàoshòu　大学教授　外国公民　wàiguó gōngmín　外国の人

4 疑問詞“什么 shénme”

中国語の“什么”とは、「何」「何か」などを表す疑問詞です。疑問詞疑問文では、聞きたいところに入れる。

这是**什么**?　Zhè shì shénme?　これは何ですか。

他们吃**什么**?　Tāmen chī shénme?　彼らは何を食べますか。

今天干**什么**?　Jīntiān gàn shénme?　今日は何をしますか。

連体修飾語の“什么”は、「どんな、どういう」などの意味をもちます。

这是**什么**书?　Zhè shì shénme shū?　これは何の本ですか。

我们看**什么**电影?　Wǒmen kàn shénme diànyǐng?　私たちはどんな映画を観ますか。

今天喝**什么**酒?　Jīntiān hē shénme jiǔ?　今日はどんなお酒を飲みますか。

中国地形の三大特徴

(1) **多様な地形**：大陸の 5 種類の基本的な地形（山、丘、高原、平野、盆地）がすべて中国に分布している。

(2) **広大な山地**：山、丘、比較的険しい台地などの山地が国土面積の 2/3 を占めている。

(3) **西高東低**：地形は西が高く、東が低く、ほぼ階段状に分布している。

練習問題

1 次の単語のピンインと意味を書きなさい。

	中国語	ピンイン	日本語意味		中国語	ピンイン	日本語意味
(1)	什么			(2)	书		
(3)	这			(4)	也		
(5)	乌龙茶			(6)	都		
(7)	茉莉花			(8)	课本		
(9)	谁			(10)	那些		

2 次のピンインを漢字に直し、日本語に訳しなさい。

(1) Nà yě shì wūlóngchá ma?

______________________ → ______________________

(2) Zhè shì shéi de kèběn?

______________________ → ______________________

(3) Zhèxiē zhōngwén shū dōu shì nǐ de ma?

______________________ → ______________________

3 正しい文を作って空欄を埋め、会話を完成させなさい。

(1) A：______________________?

B：这是《日汉词典》。

A：______________________?

B：这不是我的，是我弟弟的。

A：______________________?

B：那是电脑。

A：______________________?

B：是，那是我的电脑。

(2) A：______________________?

B：这不是小说，是词典。

A：______________________?

B：那不是词典，是课本。

A：______________________?

B：那些不是我的课本。

A：______________________?

B：是，这些是我的词典。

4 次の中国語の誤りを直しなさい。

(1) 这些课本是你也的吗？ → ________

(2) 这些乌龙茶你的是吗？ → ________

(3) 那我的不是，张老师的是。 → ________

5 次の単語を並べ替えて文を作り、日本語に訳しなさい。

(1) 那、电脑（diànnǎo パソコン）、是、不是、那、电视机（diànshìjī テレビ）

________ → ________

(2) 这些、词典（cídiǎn 辞書）、我的、的、不是、是、老师

________ → ________

(3) 他、也、姐姐、医生、吗、是？

________ → ________

6 次の文を中国語に訳しなさい。

(1) この辞書は私のですが、あの辞書は兄のです。

→ ________

(2) 彼らはみんな中国人ではありません。

→ ________

(3) あれらはみんな私の本というわけではありません。

→ ________

7 次の文を日本語に訳しなさい。

我姓山田，叫山田大介。我是大学生。这不是词典，是电脑。那本词典不是我的，是山本老师的。这些书不是山本老师的，是我哥哥的。

____

____

____

8 次の質問に中国語で答えなさい。

你有电脑（电视机、词典、日本书、中国书）吗？

Dì bā kè
第八课

Jīnnián èr líng èr jǐ nián?
今年二〇二几年？

1

49

Jīnnián èr líng èr jǐ nián?
A：今年 二 〇 二 几 年?

Èr líng èr sì nián.
B：二 〇 二 四 年。

Jīntiān jǐ yuè jǐ hào?
A：今天 几 月 几 号?

Liù yuè bā hào.
B：六 月 八 号。

Nǐ de shēngrì jǐ yuè jǐ hào?
A：你 的 生日 几 月 几 号?

Sì yuè qī hào.
B：四 月 七 号。

今年	**jīnnián**	ことし
年	**nián**	年、…年間
今天	**jīntiān**	今日
月	**yuè**	月
号（日）	**hào (rì)**	ひにち、日
生日	**shēngrì**	誕生日

2

🔊 50

Jīntiān xīngqī jǐ?
A：今天 星期 几?

Xīngqīsān.
B：星期三。

Zuótiān ne?
A：昨天 呢?

Zuótiān xīngqī'èr.
B：昨天 星期二。

Xiànzài jǐ diǎn?
A：现在 几 点?

Xiàwǔ wǔ diǎn sānshiwǔ fēn.
B：下午 五 点 三十五 分。

星期	**xīngqī**	週
星期几	**xīngqī jǐ**	何曜日
星期三	**xīngqīsān**	水曜日
昨天	**zuótiān**	昨日
星期二	**xīngqī'èr**	火曜日
现在	**xiànzài**	現在、今
点	**diǎn**	（時間の単位）時
几点	**jǐ diǎn**	何時
下午	**xiàwǔ**	午後
分	**fēn**	（時間の単位）分

学習ポイント

❶ 年・月・日・曜日・一日

年	1974年　yī jiǔ qī sì nián　2024年　èr líng èr sì nián 前年　qiánnián　一昨年　去年　qùnián　昨年　今年　jīnnián　今年 明年　míngnián　来年　后年　hòunián　再来年
月	一月　yī yuè　二月　èr yuè　十一月　shíyī yuè　十二月　shí'èr yuè 上（个）月　shàng(ge)yuè　先月　这（个）月　zhè(ge)yuè　今月 下（个）月　xià(ge)yuè　来月
日	一号　yī hào　五号　wǔ hào　十六号　shíliù hào　二十四号　èrshisì hào 前天　qiántiān　一昨日　昨天　zuótiān　昨日　今天　jīntiān　今日 明天　míngtiān　明日　后天　hòutiān　明後日
曜日	星期一　xīngqīyī　月曜日　星期二　xīngqī'èr　火曜日　星期三　xīngqīsān　水曜日 星期四　xīngqīsì　木曜日　星期五　xīngqīwǔ　金曜日　星期六　xīngqīliù　土曜日 星期天　xīngqītiān（星期日　xīngqīrì）　日曜日 上（个）星期　shàng(ge) xīngqī　先週　这（个）星期　zhè(ge) xīngqī　今週 下（个）星期　xià(ge) xīngqī　来週
一日	早上　zǎoshang　朝　上午　shàngwǔ　午前　中午　zhōngwǔ　昼 下午　xiàwǔ　午後　晚上　wǎnshang　夜

❷ 名詞述語文（"是"を省略して主語の次に直接、名詞が述語になる文）

中国語は名詞・名詞句・代名詞・時間詞・数量詞を述語にすることができ、曜日、年月日、時刻、年齢、価格、数量、天候、出身、職業などを説明する。

今天星期三。　Jīntiān xīngqīsān.　昨天四月七号。　Zuótiān sì yuè qī hào.

现在三点半。　Xiànzài sān diǎn bàn.　我爸爸四十岁。　Wǒ bàba sìshí suì.

这本书三十元。　Zhè běn shū sānshí yuán.　今天晴天。　Jīntiān qíngtiān.

山田京都人。　Shāntián Jīngdū rén.

他们班三十人。　Tāmen bān sānshí rén.　彼らのクラスは30人です。

注意！「否定文」のときは"是"が省略できません。

山田**不是**京都人。　Shāntián bú shì Jīngdū rén.

今天**不是**星期三。　Jīntiān bú shì xīngqīsān.

3 時間・時刻の言い方

2:00　両点　liǎng diǎn
(2 時は“二点”ではなく、“两点”を使う。12 時は“十二点”でよい。)

2:15　两点十五分　liǎng diǎn shíwǔ fēn
两点一刻　liǎng diǎn yī kè　(一刻は 15 分)

2:30　两点三十分　liǎng diǎn sānshí fēn
两点半　liǎng diǎn bàn

2:45　两点四十五分　liǎng diǎn sìshiwǔ fēn
两点三刻　liǎng diǎn sān kè

2:55　两点五十五分　liǎng diǎn wǔshiwǔ fēn
三点差五分　sān diǎn chà wǔ fēn　三時五分前

现在几点?	Xiànzài jǐ diǎn?	
现在两点十五分。	Xiànzài liǎng diǎn shíwǔ fēn.	(2:15)
现在三点半。	Xiànzài sān diǎn bàn.	(3:30)
现在五点一刻。	Xiànzài wǔ diǎn yī kè.	(5:15)
现在四点五十五分。	Xiànzài sì diǎn wǔshiwǔ fēn.	(4:55)
现在五点差五分。	Xiànzài wǔ diǎn chà wǔ fēn.	(4:55)
现在差五分五点。	Xiànzài chà wǔ fēn wǔ diǎn.	(4:55)

中国の七大方言

中国の言語学界では、現代中国の方言の区分について様々な見解がありますが、より一致した観点として、中国の方言は大きく分けて 7 大方言と言われています。具体的には「北方語」「呉語(上海語・蘇州語)」「粤語(広東語)」「贛語(南昌語)」「湘語(長沙語)」「閩語(福建省、台湾)」「客家語」に分かれています。

練習問題

1 次の単語のピンインと意味を書きなさい。

	中国語	ピンイン	日本語意味		中国語	ピンイン	日本語意味
(1)	今年			(2)	现在		
(3)	去年			(4)	几点		
(5)	生日			(6)	上午		
(7)	昨天			(8)	中午		
(9)	星期六			(10)	晚上		

2 下線部に（　　）の中から適切なことばを補い、会話を完成しなさい。

（星期几、今年、前天、明年、昨天、去年、几、明天、后天）

(1) A：＿＿＿＿是哪一年?
B：今年一九九九年。
A：＿＿＿＿是哪一年?
B：一九九八年。
A：今天＿＿＿＿月＿＿＿＿号?
B：六月八号。
A：＿＿＿＿几月几号?
B：六月七号。
A：＿＿＿＿几月几号?
B：六月九号。

(2) A：今天＿＿＿＿?
B：今天星期二。
A：＿＿＿＿星期几?
B：星期三。
A：＿＿＿＿星期几?
B：星期一。
A：＿＿＿＿星期几?
B：星期四。
A：＿＿＿＿星期几?
B：星期天。

3 次の中国語の誤りを直しなさい。

(1) 今天几月几号吗?　→ ＿＿＿＿＿＿＿＿
(2) 不是 5 月 30 号昨天，29 号是。　→ ＿＿＿＿＿＿＿＿
(3) 今天星期六，明天星期七。　→ ＿＿＿＿＿＿＿＿

4 次の文の中の下線部に適当な言葉を埋め、文を完成しなさい。

(1) 今年 2024 年。＿＿＿＿ 2022 年。＿＿＿＿ 2026 年。
(2) 这个月是五月。＿＿＿＿是四月。＿＿＿＿是六月。
(3) 今天 18 号。＿＿＿＿是 17 号。＿＿＿＿是 20 号。＿＿＿＿是 16 号。＿＿＿＿是 19 号。
(4) 今天星期二。后天＿＿＿＿。前天＿＿＿＿。明天＿＿＿＿。昨天＿＿＿＿。

5 例にならって、次の語句を中国語で書き、読んでください。

例：2024/07/18(木) → 二〇二四年七月十八号(日)，星期四

(1) 1965/03/21(日) → ______

(2) 2021/04/07(水) → ______

(3) 1987/12/14(月) → ______

(4) 1967/09/27(水) → ______

(5) 1959/10/30(金) → ______

(6) 1972/01/15(土) → ______

(7) 1961/07/18(火) → ______

(8) 1864/06/29(月) → ______

(9) 1723/03/25(木) → ______

(10) 2005/11/06(日) → ______

6 次の時刻を中国語で言ってください。

(1) 07:16　(2) 12:30　(3) 06:15　(4) 15:32　(5) 19:45　(6) 10:10

(7) 03:35　(8) 18:27　(9) 09:30　(10) 17:39　(11) 18:55　(12) 12:45

7 次の日本語を中国語に訳し、中国語で答えなさい。

(1) 来年は何年ですか。

______ → ______

(2) あしたは金曜日ですか。

______ → ______

(3) 今日は何日ですか。

______ → ______

(4) 今日は土曜日ではなく、日曜日ですか。

______ → ______

8 次の質問に中国語で答えなさい。

(1) 今年二〇二几年?

(2) 今天几月几号?

(3) 今天星期几?

(4) 现在几点?

Dì jiǔ kè
第九课

Nǐ qù nǎr?
你 去 哪儿？

1

51

Nǐ qù nǎr?
A：你 去 哪儿?

Wǒ qù shìlì měishùguǎn.
B：我 去 市立 美术馆。

Shìlì měishùguǎn zài nǎr?
A：市立 美术馆 在 哪儿?

Zài dòngwùyuán pángbiān.
B：在 动物园 旁边。

Zěnme qù?
A：怎么 去?

Zuò dìtiě qù.
B：坐 地铁 去。

去	**qù**	行く、出かける	动物园	**dòngwùyuán**	動物園
哪儿	**nǎr**	どこ	旁边	**pángbiān**	そば、となり
市立	**Shìlì**	市立、市営	怎么	**zěnme**	どのように
美术馆	**měishùguǎn**	美術館	坐	**zuò**	（乗り物に）乗る
在	**zài**	（…が…に）ある、いる	地铁	**dìtiě**	地下鉄

2

🔊 52

Qǐngwèn, túshūguǎn zài nǎr?
A：请问，图书馆 在 哪儿?

Túshūguǎn zài cāntīng dōngbian.
B：图书馆 在 餐厅 东边。

Tǐyùguǎn ne?
A：体育馆 呢?

Nǎge tǐyùguǎn?
B：哪个 体育馆?

Zònghé tǐyùguǎn.
A：综合 体育馆。

Jiù zài túshūguǎn hòubian.
B：就 在 图书馆 后边。

请问	**qǐngwèn**	お尋ねします
图书馆	**túshūguǎn**	図書館
餐厅	**cāntīng**	レストラン、食堂
东边	**dōngbian**	東、東の方、東側
体育馆	**tǐyùguǎn**	体育館
呢	**ne**	…は？（会話の流れで関係あることを聞くときに使われる）
哪个	**nǎge**	どれ、どの
综合	**zònghé**	総合的な
就	**jiù**	〔肯定を強める〕間違いなく
后边	**hòubian**	後、後ろの方

学習ポイント

1 疑問詞

人	**谁** shéi だれ 他是**谁**? Tā shì shéi? 彼は誰ですか。
事物	**什么** shénme なに **哪（个）** nǎ(ge) どれ、どの 这是**什么**? Zhè shì shénme? これは何ですか。 **哪个**人是山田? Nǎge rén shì Shāntián? どの人が山田さんですか。
場所	**哪儿** nǎr ／**哪里** nǎli どこ 图书馆在**哪儿**? Túshūguǎn zài nǎr? 図書館はどこですか。 您是**哪里**人? Nín shì nǎli rén? ご出身はどちらですか。
時間	**什么时候** shénme shíhou いつ 你们**什么时候**去京都? Nǐmen shénme shíhou qù Jīngdū? あなたたちはいつ京都に行きますか。
数量	**多少** duōshao ／**几** jǐ いくつ、いくら 你们班**多少**学生? Nǐmen bān duōshao xuésheng? あなたたちのクラスは何人ですか。 你有**几**个弟弟? Nǐ yǒu jǐ ge dìdi? あなたには何人の弟がいますか。
原因・理由	**为什么** wèi shénme ／**怎么** zěnme なぜ 你**为什么**不吃? Nǐ wèi shéme bù chī? なぜ食べないのですか。 他们**怎么**不上课? Tāmen zěnme bú shàngkè? 彼らはどうして授業に出ないのですか。
方法	**怎么** zěnme ／**怎（么）样** zěn(me)yàng どのようにして 你每天**怎么**来学校? Nǐ měitiān zěnme lái xuéxiào? あなたは毎日どのように学校に来ますか。 这个水果**怎么样**吃? Zhège shuǐguǒ zěnmeyàng chī? この果物はどうやって食べますか。
性質・状態など	**怎（么）样** zěn(me)yàng いかがですか、どうですか 今天天气**怎么样**? Jīntiān tiānqì zěnmeyàng? 今日の天気はどうですか。

2 存在を表す動詞 "有 yǒu"・"在 zài"

有	場所＋**有**＋人／物 場所＋**没有**＋人／物	教室里**有**三个美国留学生。 Jiàoshì li yǒu sān ge Měiguó liúxuéshēng. 教室にアメリカ人留学生が３人います。 我们学校**没有**图书馆。 Wǒmen xuéxiào méi yǒu túshūguǎn. 私たちの学校は図書館がありません。

在	人／物＋**在**＋場所 人／物＋**不在**＋場所	山田的电脑**在**那张桌子上。 Shāntián de diànnǎo zài nà zhāng zhuōzi shang. 山田さんのパソコンはあの机の上にあります。 张老师现在**不在**图书馆。 Zhāng lǎoshī xiànzài bú zài túshūguǎn. 張先生はいま図書館にいません。

3 方向や位置を表す語

中国語の方位詞には 1 文字の単純方位詞と **“边”“面”** が付いた合成方位詞があります。

単純		上 shàng	下 xià	里 lǐ	外 wài	前 qián	后 hòu	左 zuǒ
合成	～**边**	上边 shàngbian	下边 xiàbian	里边 lǐbian	外边 wàibian	前边 qiánbian	后边 hòubian	左边 zuǒbian
	～**面**	上面 shàngmian	下面 xiàmian	里面 lǐmiàn	外面 wàimian	前面 qiánmian	后面 hòumian	左面 zuǒmiàn
単純		右 yòu	东 dōng	南 nán	西 xī	北 běi	旁 páng	中 zhōng
合成	～**边**	右边 yòubian	东边 dōngbian	南边 nánbiān	西边 xībian	北边 běibiān	旁边 pángbiān	中间 zhōngjiān
	～**面**	右面 yòumiàn	东面 dōngmiàn	南面 nánmiàn	西面 xīmiàn	背面 bèimiàn		

图书馆在体育馆的**前边**。 Túshūguǎn zài tǐyùguǎn de qiánbian. 図書館は体育館の前にあります。

博物馆**后面**有一条小河。 Bówùguǎn hòumian yǒu yī tiáo xiǎo hé. 博物館の後ろに川があります。

学校在火车站的**东边**（儿）。 Xuéxiào zài huǒchēzhàn de dōngbian(r). 学校は駅の東にあります。

美术馆在动物园的**旁边**（儿）。 Měishùguǎn zài dòngwùyuán de pángbiān(r).

美術館は動物園のそばにあります。

中国の十大古都

中国の十大古都は西安（陝西省）、洛陽（河南省）、南京（江蘇省）、北京、開封（河南省）、杭州（浙江省）、安陽（河南省）、鄭州（河南省）、大同（山西省）、成都（四川省）である。

練習問題

1 次の単語のピンインと意味を書きなさい。

	中国語	ピンイン	日本語意味		中国語	ピンイン	日本語意味
(1)	哪儿			(2)	图书馆		
(3)	美术馆			(4)	餐厅		
(5)	去			(6)	体育馆		
(7)	动物园			(8)	哪个		
(9)	地铁			(10)	综合		

2 下線部に「有、和、在、去、吗」の中から適切なことばを補い、文を完成しなさい。

(1) 铃木先生______一台高级电脑。

(2) 张老师______山田一起______名古屋了。

(3) 你们学校______大阪火车站西边______?

(4) 他没有姐姐，______一个弟弟______一个妹妹。

(5) 你______山本经常______看电影______?

(6) 电影院______我家旁边，我______弟弟每周______看一次电影。

(7) 她______很多中国小说，我也______几本中国小说。

(8) 山本的老家______大阪，你家也______大阪______?

3 次の単語を並べ替えて文を作り、日本語に訳しなさい。

(1) 桌子、一本、中国、上、有、杂志

\- → ______________________________

(2) 图书馆、山田、不、现在、在、老师

\- → ______________________________

(3) 有、学校、二十个、留学生、韩国、我们

\- → ______________________________

4 次の中国語を日本語に訳しなさい。

(1) 明天下午一起去市立图书馆，好吗?

→ ____

(2) 我们学校在市立美术馆的北边，学校旁边有一个电影院。

→ ______________________________

(3) 山本老师现在不在教室，他在图书馆。

→ ______________________________

5 次の日本語を中国語に訳しなさい。

(1) あした一緒に映画を見に行きましょう。

→ ______________________________

(2) 関西国際空港（关西国际机场）は京都ではなく、大阪にあります。

→ ______________________________

(3) 学校の右側に病院（医院）が1つあります。

→ ______________________________

6 右の図を見て、例にならって文を作りなさい。

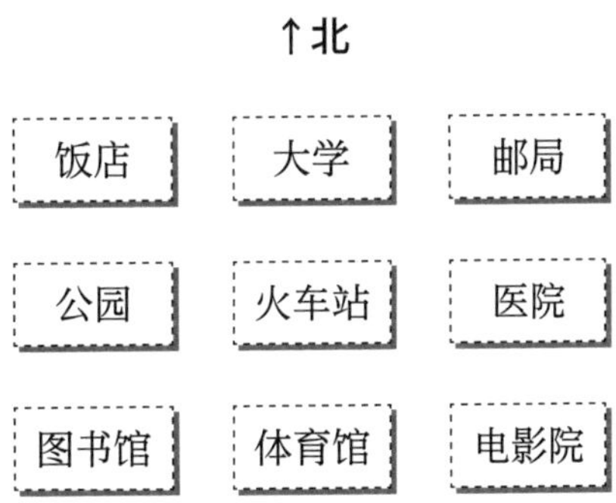

例：饭店在大学的哪边？

饭店在大学的西边。

电影院在医院的哪边？

电影院在医院的南边。

(1) 大学在火车站的哪边？

____

(2) 火车站在体育馆的哪边？

____

(3) 饭店在公园的哪边？

____

(4) 体育馆在火车站的哪边？

____

(5) 公园在火车站的哪边？

____

(6) 电影院在火车站的哪边？

____

(7) 医院在电影院的哪边？

____

(8) 医院在体育馆的哪边？

____

(9) 图书馆在火车站的哪边？

____

(10) 公园在体育馆的哪边？

____

Dì shí kè
第十课

Nǐ jiā lí xuéxiào yuǎn ma?
你家离学校 远吗？

1

53

Nǐ jiā lí xuéxiào yuǎn ma?
A：你家离学校 远吗？

Bǐjiào yuǎn. Wǒ měitiān zuò dìtiě qù.
B：比较 远。我 每天 坐 地铁 去。

Zuò dìtiě yào duōcháng shíjiān?
A：坐 地铁 要 多长 时间？

Sānshí fēnzhōng.
B：三十 分钟。

Nǐmen cóng jǐ diǎn dào jǐ diǎn shàngkè?
A：你们 从 几 点 到 几 点 上课？

Cóng jiǔ diǎn dào shí'èr diǎn.
B：从 九 点 到 十二 点。

离	**lí**	…から、…まで
学校	**xuéxiào**	学校
远	**yuǎn**	遠い
比较	**bǐjiào**	比較的に、わりに
每天	**měitiān**	毎日
要	**yào**	要する、かかる
多	**duō**	どれくらい
长	**cháng**	長い
多长	**duōcháng**	どれくらい（の長さ）
时间	**shíjiān**	時間
分钟	**fēnzhōng**	〔時間の〕分、分間
从	**cóng**	…から
到	**dào**	…まで
上课	**shàngkè**	授業に出る、授業をする

2

54

Nǐ zěnme bù jiāo xiǎo Lǐ Rìyǔ le?
A：你 怎么 不 教 小 李 日语 了?

Wǒ xiàzhōu qù hǎiwài liúxué.
B：我 下周 去 海外 留学。

Qù nǎr liúxué? Duō cháng shíjiān?
A：去 哪儿 留学? 多 长 时间?

Qù Běijīng liúxué yī nián.
B：去 北京 留学 一 年。

Tài xiànmù nǐ le.
A：太 羡慕 你 了。

Wǒ zài Běijīng yīdìng nǔlì de xuéxí.
B：我 在 北京 一定 努力 地 学习。

怎么	**zěnme**	なんで、どうして
教	**jiāo**	教える
了	**le**	状況の変化を表す
下周	**xiàzhōu**	来週
海外	**hǎiwài**	海外
留学	**liúxué**	留学する
北京	**Běijīng**	北京
太…了	**tài…le**	非常に、…すぎる
羡慕	**xiànmù**	羡ましい
在	**zài**	…で、…に
一定	**yīdìng**	必ず、きっと
努力	**nǔlì**	努力する、励む
地	**de**	〔助詞〕〔他の語句の後につけて、動詞・形容詞の修飾語をつくる〕
学习	**xuéxí**	学ぶ、勉強する

学習ポイント

1 介詞 "从 cóng"・"到 dào"・"离 lí"

"从" …から．…より。しばしば **"到、往、向"** などと組み合わせて用いる。

山田老师昨天**从**上海回来了。 Shāntián lǎoshī zuótiān cóng Shànghǎi huílai le.
山田先生は昨日上海から帰ってきました。

他每天**从**晚上七点开始打工。 Tā měitiān cóng wǎnshang qī diǎn kāishǐ dǎgōng.
彼は毎日夜7時からアルバイトをします。

"到" …まで、…に。

我**到**他家去了三次。 Wǒ dào tā jiā qù le sān cì. 私は彼の家に3回行きました。

爸爸每天工作**到**晚上十点。 Bàba měitiān gōngzuò dào wǎnshang shí diǎn.
お父さんは毎日夜10時まで仕事をします。

"离" …から．…まで。2点間の空間的・時間的隔たりを表す。

北京**离**上海远吗? Běijīng lí Shànghǎi yuǎn ma? 北京は上海から遠いですか。

离毕业还有一个月。 Lí bìyè hái yǒu yī ge yuè. 卒業まであと1か月あります。

☆ **"从…到…"** …から…まで。

我们**从**北京**到**上海坐高铁。 Wǒmen cóng Běijīng dào Shànghǎi zuò gāotiě.
私たちは北京から上海まで高速鉄道で行きます。

上午**从**八点**到**十二点上课。 Shàngwǔ cóng bā diǎn dào shí'èr diǎn shàngkè.
午前8時から12時まで授業に出ます。

☆ **"离"と"从"**

"从"が動作・行為の起点（出発点）や経由点を表すのに対して、**"离"**は2点間のへだたりを表す場合に用いられる。

留学生是**从**十一个国家来的。 Liúxuéshēng shì cóng shíyī ge guójiā lái de.
留学生は11の国から来ました。

京都**离**大阪近，**离**东京远。 Jīngdū lí Dàbǎn jìn, lí Dōngjīng yuǎn.
京都は大阪に近く、東京から遠いです。

2 二重目的語

ある種の他動詞は二つの目的語をとることがある。動詞のすぐ近くにある目的語を「間接目的語」といい、動詞から離れている目的語を「直接目的語」という。

主語 ＋ 動詞 ＋ **間接目的語（人）** ＋ **直接目的語（物）**

张老师教留学生汉语作文。 Zhāng lǎoshī jiāo liúxuéshēng Hànyǔ zuòwén.

張先生は留学生に中国語作文を教えます。

山本送了我一件生日礼物。 Shānběn sòng le wǒ yī jiàn shēngrì lǐwù.

山本さんは私に誕生日プレゼントを送ってくれました。

3 変化を表す“了 le”

文末に用い、新しい状況の発生・変化を示す。

春天了。	Chūntiān le.	春になりました。
现在几点了?	Xiànzài jǐ diǎn le?	いまは何時ですか。
天气冷了。	Tiānqì lěng le.	天気は寒くなりました。
现在明白了。	Xiànzài míngbai le.	いまは分かった。
我会开汽车了。	Wǒ huì kāi qìchē le.	車を運転できるようになった。
她不想去动物园了。	Tā bù xiǎng qù dòngwùyuán le.	彼は動物園に行きたくなくなった。

4 構造助詞“地 de”

種々の語句の後に用いて連用修飾語を作り、動作に関する様子や状態を表します。

形容詞（動詞）＋ **地** ＋「動詞」

我爸爸每天认真**地**工作。 Wǒ bàba měitiān rènzhēn de gōngzuò.

お父さんは毎日一所懸命仕事をしてます。

请你简单**地**说明一下。 Qǐng nǐ jiǎndān de shuōmíng yīxià. ちょっと簡単に説明してください。

别着急，慢慢**地**走。 Bié zháojí, mànmān de zǒu. 急がずにゆっくり行ってください。

中国の八大名山

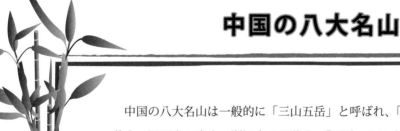

中国の八大名山は一般的に「三山五岳」と呼ばれ、「三山」とは安徽省の黄山、江西省の廬山、浙江省の雁蕩山、「五岳」とは東岳の泰山（山東省)、南岳の衡山（湖南省)、西岳の華山（陝西省)、北岳の恒山（山西省)、中岳の嵩山（河南省）である。

練習問題

1 次の単語のピンインと意味を書きなさい。

	中国語	ピンイン	日本語意味		中国語	ピンイン	日本語意味
(1)	学校			(2)	上课		
(3)	家			(4)	日语		
(5)	每天			(6)	下周		
(7)	多长			(8)	努力		
(9)	时间			(10)	羡慕		

2 次のピンインを漢字に直し、日本語に訳しなさい。

(1) Wǒ jiā lí xuéxiào bǐjiào yuǎn.

------------------------ → ________________________

(2) Nǐmen cóng jǐ diǎn dào jǐ diǎn shàngkè?

------------------------ → ________________________

(3) Wǒ xiàzhōu qù hǎiwài liúxué.

------------------------ → ________________________

3 下線部に「在、从、到、离」の中から適切なものを補い、文を完成し、日本語に訳しなさい。

(1) 哥哥______食堂吃饭。

(2) 王老师______北京回来了。

(3) ______大阪______名古屋不太远。

(4) 图书馆______动物园很远。

(5) 他们明天______韩国去中国。

(6) 我们每天______九点______十二点上课。

(7) 她______教室上课，我______咖啡店喝咖啡。

(8) 大阪______京都很近，但______东京比较远。

4 例にならって、文を作りなさい。

例：七点・八点・看电视・我 → 我从七点到八点看电视。

(1) 三月・十月・学汉语・她 →

(2) 九点・下午六点・上课・我们 →

(3) 一月・三月・放寒假・学校 →

(4) 四点・六点・在图书馆看书・我 →

(5) 晚上七点・八点・洗澡・他 →

(6) 中午十二点・一点・休息・我们 →

5 次の日本語を中国語（二重目的語の文）に訳しなさい。

(1) 彼女は私に本を３冊くれました。（くれる：给）

(2) 李先生はいま私たちに中国語を教えています。

(3) 私は彼女にプレゼントを贈りました。（彼女：女朋友／プレゼント：礼物／贈る：赠送）

6 次の文を日本語に訳しなさい。

(1) 我们星期二从上海去北京，星期五从北京回京都。

(2) 你们每天上午从几点到几点上课?

(3) 图书馆离我们学校很近，但是离我家很远。

(4) 我们从京都到大板坐电车，从大板到北海道坐飞机。

(5) 山本晚上从七点到八点吃晚饭，从八点到九点做作业，十点睡觉。

(6) 从这儿到学校没有地铁，我每天坐公共汽车去学校。

shíyī
Dì kè
第十一课

Dōngjīng dōngtiān lěng bu lěng?
东京 冬天 冷不冷？

1

55

Dōngjīng dōngtiān lěng bu lěng?
A：东京 冬天 冷 不 冷？

Yǒudiǎnr lěng. Běijīng ne?
B：有点儿 冷。北京 呢？

Běijīng bǐ Dōngjīng lěng yīdiǎnr.
A：北京 比 东京 冷 一点儿。

Běijīng zuótiān duōshao dù?
B：北京 昨天 多少 度？

Zuótiān língxià wǔ dù.
A：昨天 零下 五 度。

Běijīng bǐ Dōngjīng lěng de duō a.
B：北京 比 东京 冷 得 多 啊。

东京	**Dōngjīng**	東京
冬天	**dōngtiān**	冬
冷	**lěng**	寒い
有点儿	**yǒudiǎnr**	すこし、ちょっと
比	**bǐ**	…に比べて、…より
一点儿	**yīdiǎnr**	すこし、ちょっと
度	**dù**	（温度・眼鏡など各種の）度
零下	**língxià**	摂氏零度以下
得多	**deduō**	（…に比べて）ずっと…だ
啊	**a**	感嘆の表現を強める

2

56

Zhège cài wèidao zěnmeyàng?
A：这个 菜 味道 怎么样?

Tǐng hǎochī.
B：挺 好吃。

Mápó dòufu ne?
A：麻婆 豆腐 呢?

Yǒudiǎnr là.
B：有点儿 辣。

Jiǎozi hǎochī ma?
A：饺子 好吃 吗?

Jiǎozi zuì hǎochī.
B：饺子 最 好吃。

菜	**cài**	おかず、料理
味道	**wèidao**	味
怎么样	**zěnmeyàng**	いかがですか、どうですか
挺	**tǐng**	なかなか、どうも
好吃	**hàochī**	美味しい
麻婆豆腐	**Mápó dòufu**	マーボドウフ
辣	**là**	辛い
饺子	**jiǎozi**	ギョーザ
最	**zuì**	最も、いちばん

学習ポイント

1 形容詞述語文

肯定：主語 ＋ 形容詞

学校的麻婆豆腐好吃。 Xuéxiào de Mápó dòufu hàochī. 学校の麻婆豆腐は美味しい。

否定：主語 ＋ **不** ＋ 形容詞

学校的麻婆豆腐**不**好吃。 Xuéxiào de Mápó dòufu bù hàochī. 学校の麻婆豆腐は美味しくない。

疑問：主語 ＋ 形容詞 ＋ **吗**? ／主語 ＋ 形容詞 ＋ **不** ＋ 形容詞？

学校的麻婆豆腐好吃**吗**? Xuéxiào de Mápó dòufu hàochī ma? 学校の麻婆豆腐は美味しいですか。

学校的麻婆豆腐好吃**不**好吃? Xuéxiào de Mápó dòufu hàochī bù hàochī?

学校の麻婆豆腐は美味しいですか。

2 程度副詞　形容詞や心理動詞の前に置いて、程度を表す

"太…了 tài…le" あまりにも…すぎる。

名古屋的夏天**太**热**了**。 Mínggǔwū de xiàtiān tài rè le. 名古屋の夏は暑すぎます。

"最 zuì" 最も、いちばん。

我们**最**喜欢的动物是熊猫。 Wǒmen zuì xǐhuan de dòngwù shì Xióngmāo. 私が最も好きな動物はパンダです。

"非常 fēicháng" 非常に。

京都的风景**非常**漂亮。 Jīngdū de fēngjǐng fēicháng piàoliang. 京都の風景は非常にきれい。

"特别 tèbié" 格別に、とりわけ。

今年冬天**特别**冷。 Jīnnián dōngtiān tèbié lěng. 今年の冬はとても寒い。

"很 hěn" たいへん、とても。

麻婆豆腐**很**好吃。 Mápó dòufu hěn hàochī. 麻婆豆腐はとてもおいしい。

"比较 bǐjiào" 比較的に、わりに。

这个班的学生**比较**多。 Zhège bān de xuésheng bǐjiào duō. このクラスの学生はわりに多い。

"有点儿 yǒudiǎnr" 少し、ちょっと。

山田老师的电脑**有点儿**贵。 Shāntián lǎoshī de diànnǎo yǒudiǎnr guì. 山田先生のパソコンはちょっと高い。

"不太 bútài" あまり…ではない。

他们学校的留学生**不太**多。 Tāmen xuéxiào de liúxuéshēng bútài duō. 彼らの学校の留学生はあまり多くない。

3 比較の表現（A ＋**比**＋ B ～［性状と程度の比較に用いる］…より、…に比べて）

肯定：A ＋ **比** ＋ B ～

我的电脑**比**他的电脑便宜。 Wǒ de diànnǎo bǐ tā de diànnǎo piányi. 私のパソコンは彼のより安い。

这个菜**比**那个菜好吃。 Zhège cài bǐ nàge cài hǎochī. この料理はあの料理より美味しい。

否定：A ＋ **不比／没有** ＋ B ～

我的电脑**不比**他的电脑便宜。　Wǒ de diànnǎo bù bǐ tā de diànnǎo piányi.

私のパソコンは彼のパソコンより安いわけではない。

我的电脑**没有**他的电脑便宜。　Wǒ de diànnǎo méiyǒu tā de diànnǎo piányi.

私のパソコンは彼のパソコンほど安くない。

注意！

Ⅰ．形容詞の前に程度副詞を入れることができない。代わりに、形容詞の後ろに **“得多”“多了”**（ずっと）をおいて表す。

今天**比**昨天热**得多**。　Jīntiān bǐ zuótiān rè de duō.　今日は昨日よりずっと暑い。

今天**比**昨天热**多了**。　Jīntiān bǐ zuótiān rè duō le.　今日は昨日よりずっと暑い。

Ⅱ．程度の差を具体的に示すために、述語の後に数量を表す語句を伴うことができる。

一年级的学生**比**二年级**多五十人**。　Yī niánjí de xuésheng bǐ èr niánjí duō wǔshí rén.

1 年生の生徒は 2 年生より 50 人多い。

我的电脑**比**他的**贵五百块**。　Wǒ de diànnǎo bǐ tā de guì wǔbǎi kuài.　私のパソコンは彼のより 500 元高い。

4 “有点儿 yǒudiǎnr” と “一点儿 yīdiǎnr”　すこし、ちょっと。

有点儿 ＋ 動詞・形容詞

她**有点儿**想回家。　Tā yǒudiǎnr xiǎng huíjiā.　彼女はちょっと家に帰りたい。

今天**有点儿**冷。　Jīntiān yǒudiǎnr lěng.　今日はちょっと寒い。

動詞・形容詞 ＋ **一点儿**

吃**一点儿**吧。　Chī yīdiǎnr ba.　少し食べてください。

我比他高**一点儿**。　Wǒ bǐ tā gāo yīdiǎnr.　私は彼より背が少し高い。

中国の世界遺産

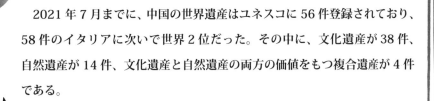

2021 年 7 月までに、中国の世界遺産はユネスコに 56 件登録されており、58 件のイタリアに次いで世界 2 位だった。その中に、文化遺産が 38 件、自然遺産が 14 件、文化遺産と自然遺産の両方の価値をもつ複合遺産が 4 件である。

練習問題

1 次の単語のピンインと意味を書きなさい。

	中国語	ピンイン	日本語意味		中国語	ピンイン	日本語意味
(1)	冬天			(2)	味道		
(3)	冷			(4)	豆腐		
(5)	北京			(6)	有点儿		
(7)	一点儿			(8)	好吃		
(9)	东京			(10)	饺子		

2 ①～④から適当な単語を選んで下線部に書き、完成した文を日本語に訳しなさい。

(1) 日本的红茶______好喝，我们喝红茶吧。

① 太　② 不太　③ 一点儿也　④ 很

→ ____________________

(2) 这台电脑______好，你买这台吧。

① 一点儿也　② 非常　③ 一点儿　④ 不太

→ ____________________

(3) 这个菜味道______好，我不吃。

① 太　② 不太　③ 一点儿也　④ 有点儿

→ ____________________

(4) 这儿很凉快，夏天______热。

① 一点儿也不　② 非常　③ 相当　④ 好

→ ____________________

(5) 学校食堂人______多了，我不去食堂吃饭。

① 太　② 一点儿也　③ 一点儿　④ 太不

→ ____________________

(6) 汉语发音比较难，但语法______难。

① 一点儿也　② 非常　③ 不太　④ 特别

→ ____________________

3 次の中国語の誤りを直し、日本語に訳しなさい。

(1) 我的词典妹妹多非常。

\- → ____________________

(2) 毛衣一点儿的也不姐姐便宜。

→

(3) 我们留学生不太学校的多。

→

4 「比」を使って、新しい文を作り、日本語に訳しなさい。

例：这个菜好吃，那个菜不好吃。

这个菜比那个菜好吃。 → この料理はあの料理より美味しい。

这件毛衣 5000 日元，那件毛衣 3000 日元。

这件毛衣比那件毛衣贵 2000 日元。 → このセーターはあのセーターより 2000円高い。

(1) 这台电脑贵，那台电脑便宜。

→

(2) 这台电脑十万日元，那台电脑十五万日元。

→

(3) 我们班的学生多，他们班的学生少。

→

(4) 我们班的学生 45 人，他们班的学生 39 人。

→

(5) 昨天很冷，今天更冷。

→

(6) 昨天零下三度，今天零下五度。

→

5 次の日本語を中国語に訳しなさい。

(1) このパソコンはとても高いが、あのパソコンは高くない。

→

(2) この赤いセーターは 2500 円で、非常に安い。(円：日元)

→

(3) 日本は広くないが、中国はとても広い。(広い：大)

→

第十二课 Dì shí'èr kè

Māma zài gàn shénme?
妈妈在干什么？

1

57

Māma zài gàn shénme?
A：妈妈 在 干 什么？

Tā zài zuò wǎnfàn.
B：她 在 做 晚饭。

Dìdi ne?
A：弟弟 呢？

Tā zài chuáng shàng tǎng zhe ne.
B：他 在 床 上 躺 着 呢。

Tǎng zhe gàn shénme ne?
A：躺 着 干 什么 呢？

Tā tǎng zhe kàn diànshì ne.
B：他 躺 着 看 电视 呢。

在	**zài**	〔副詞〕…している	躺	**tǎng**	横になる、体を横にする
干什么	**gàn shénme**	何をするのか	着	**zhe**	…ている、…てある
做	**zuò**	作る	看	**kàn**	見る
晚饭	**wǎnfàn**	夕食	电视	**diànshì**	テレビ、テレビ番組
床	**chuáng**	ベッド	呢	**ne**	進行を表す文で継続中の意を強める
上	**shàng**	物体の上や表面を表す			

2

🔊 58

Shàngge yuè nǐ qù le Běijīng?
A：上个 月 你 去 了 北京?

Shì de. Nǐ qù guo Běijīng ma?
B：是 的。你 去 过 北京 吗?

Méi qù guo. Běijīng zěnmeyàng?
A：没 去 过。北京 怎么样?

Běijīng hěn dà, gǔjì fēicháng duō.
B：北京 很 大，古迹 非常 多。

Wǒ yě xiǎng qù Běijīng.
A：我 也 想 去 北京。

Díquè zhíde qù.
B：的确 值得 去。

上个月	**shàngge yuè**	先月
了	**le**	動作・行為の実現や完了を表す
过	**guo**	…したことがある（経験）
没	**méi**	…しなかった、…していない
很	**hěn**	とても
大	**dà**	大きい
古迹	**gǔjì**	名所古跡
多	**duō**	多い
想	**xiǎng**	〔助動詞〕…したい
的确	**díquè**	確かに、疑いなく
值得	**zhíde**	…する値打ちがある

学習ポイント

1 アスペクト助詞 "着 zhe"・"了 le"・"过 guo"

動詞のすぐ後ろにつけて完了・持続・経験を表す助詞。

(1) 着 zhe　動作の持続を表す。

肯定：V ＋**着**＋（目的語）

老师现在喝**着**咖啡。　Lǎoshī xiànzài hē zhe kāfēi.　先生はいまコーヒーを飲んでいます。

否定：**没**＋ V ＋（目的語）

老师现在**没**喝咖啡。　Lǎoshī xiànzài méi hē kāfēi.　先生はいまコーヒーを飲んでいません。

(2) 了 le　動作の完了を表す。

肯定：V ＋**了**＋（目的語）

爸爸昨天去**了**北海道。　Bàba zuótiān qù le Běihǎidào.　お父さんは昨日北海道に行った。

否定：**没**＋ V ＋（目的語）

爸爸昨天**没**去北海道。　Bàba zuótiān méi qù běihǎidào.　お父さんは昨日北海道に行かなかった。

(3) 过 guo　過去の経験を表す。

肯定：V ＋**过**＋（目的語）

我以前看**过**中国电影。　Wǒ yǐqián kàn guo Zhōngguó diànyǐng.　私は以前中国映画を観たことがあります。

否定：**没**＋ V ＋**过**＋（目的語）

我以前**没**看**过**中国电影。　Wǒ yǐqián méi kàn guo Zhōngguó diànyǐng.

私は以前中国映画を観たことがありません。

2 動詞・副詞・介詞（前置詞）の "在 zài"

(1) 動詞　（人・事物がある場所に）ある、いる。

田中不**在**家，她去学校了。　Tiánzhōng bù zài jiā, tā qù xuéxiào le.

田中さんは家にいない、彼女は学校に行った。

(2) 副詞　〔在＋動詞＋目的語〕の形で，動作・行為の進行や状態の持続を示し。
…しつつある、…している。

爸爸**在**看报，妈妈**在**做早饭。　Bàba zài kàn bào, māmā zài zuò zǎofàn.

お父さんは新聞を読んでいます、お母さんは朝ごはんを作っています。

(3) 介詞　〔在＋場所を示す語句〕を動詞の前や文頭に用いて、動作・行為の発生する場所を示し。～で、において。

田中和山田**在**图书馆看书。　Tiánzhōng hé Shāntián zài túshūguǎn kàn shū.

田中さんと山田さんは図書館で本を読んでいます。

3 助動詞“想 xiǎng”・“喜欢 xǐhuan”・“打算 dǎsuan”

想～　…したい、希望する、…したいと思う。動詞の前に置いて用いる。副詞による修飾を受けられる。

肯定	**想**＋V	弟弟**想**吃中国菜。 Dìdi xiǎng chī Zhōngguócài. 弟は中華料理を食べたい。 我**想**去北京留学。 Wǒ xiǎng qù Běijīng liúxué. 私は北京留学に行きたい。
否定	**不想**＋V	山田**不想**看世界杯。 Shāntián bù xiǎng kàn Shìjièbēi. 山田さんはワールドカップを観たくない。 我今天**不想**喝酒。 Wǒ jīntiān bù xiǎng hē jiǔ. 私は今日お酒を飲みたくない。

喜欢～　…が好きである。目的語をとることができる。程度副詞による修飾を受けられる。

肯定	**喜欢**～	他**喜欢**英语，我**喜欢**汉语。 Tā xǐhuan Yīngyǔ, wǒ xǐhuan Hànyǔ. 彼は英語が好きですが、私は中国語が好きです。 孩子们都**喜欢**吃饺子。 Háizimen dōu xǐhuan chī jiǎozi. 子供たちはみな餃子を食べるのが好きです。
否定	**不喜欢**～	我一点儿也**不喜欢**足球。 Wǒ yìdiǎnr yě bù xǐhuan zúqiú. 私は少しもサッカーが好きではない。 我妹妹**不喜欢**看电视。 Wǒ mèimei bù xǐhuan kàn diànshì. 妹はテレビを見ることが好きではない。

打算～　…するつもりだ、…する予定である。動詞や動詞句を目的語にとることもできる。

肯定	**打算**～	你**打算**去哪儿？ Nǐ dǎsuan qù nǎr? あなたはどこに行くつもりですか。 她**打算**当医生。 Tā dǎsuan dāng yīshēng. 彼女は医者になるつもりです。
否定	**不打算**～	暑假她**不打算**回老家。 Shǔjià tā bù dǎsuan huí lǎojiā. 夏休み彼女は実家に帰らないつもりです。 我**不打算**跟她一起去。 Wǒ bù dǎsuan gēn tā yìqǐ qù. 私は彼女と一緒に行かないつもりです。

中国の一級行政区画

直轄市（4）　北京市・上海市・天津市・重慶市

省（22）　河北省・山西省・遼寧省・吉林省・黒竜江省・江蘇省・浙江省・安徽省・福建省・江西省・山東省・河南省・湖北省・湖南省・広東省・海南省・四川省・貴州省・雲南省・陝西省・甘粛省・青海省

自治区（5）　内モンゴル自治区・広西チワン族自治区・チベット自治区・寧夏回族自治区・新疆ウイグル自治区

練習問題

1 次の単語のピンインと意味を書きなさい。

	中国語	ピンイン	日本語意味		中国語	ピンイン	日本語意味
(1)	干什么			(2)	哪儿		
(3)	晚饭			(4)	上个月		
(5)	床			(6)	非常		
(7)	躺			(8)	多		
(9)	看			(10)	大		

2 次のピンインを漢字に直し、日本語に訳しなさい。

(1) Nǐ zài gàn shénme?

______________________ → ______________________

(2) Shàngge yuè wǒ qù le Běijīng.

______________________ → ______________________

(3) Wǒ yě xiǎng qù Zhōngguó.

______________________ → ______________________

3 助動詞「了・着・过」から適用なものを選んで空欄を埋め、文を完成し、日本語に訳しなさい。

(1) 山田昨天从美国回来______。

→ ______________________

(2) 她没学______日语。她现在学______韩语。

→ ______________________

(3) 他没坐______新干线，但坐______飞机。

→ ______________________

(4) 铃木老师已经从中国回来______。

→ ______________________

4 次の中国語の誤りを直しなさい。

(1) 我们昨天没去了市立图书馆。 → ______________________

(2) 我们明天打算不去登山。 → ______________________

(3) 我哥哥不看过中国电影。 → ______

(4) 山本和铃木想不去京都。 → ______

5 次の中国語を日本語に訳しなさい。

(1) 今年暑假你想去哪儿旅游? ______

(2) 我今天不想看电影，想在家看书。 ______

(3) 姐姐昨天晚上从京都回来了。 ______

(4) 我喜欢吃中国菜，特别喜欢麻婆豆腐。 ______

(5) 爸爸在喝咖啡，妈妈在洗衣服。 ______

(6) 站着看书太累，坐着看吧。 ______

6 次の日本語を中国語に訳しなさい。

(1) 私はビールを飲みたくない。日本酒を飲みたい。

______

(2) 私は中国に行ったことがあります。

______

(3) 彼はコーヒーを飲んでいますが、私は緑茶を飲んでいます。

______

(4) あなたは中国映画を見たことがありますか。

______

(5) 彼女はいま図書館で中国の小説を読んでいます。

______

7 次の文章を日本語に訳しなさい。

现在晚上七点了，爸爸、哥哥和姐姐都回来了。我们全家一起吃晚饭。爸爸喝着日本酒，我和哥哥喝着啤酒。妈妈和姐姐不喝酒，她们喝着果汁。上星期妈妈和姐姐去北京旅游了四天。她们以前去过上海，但没去过北京。她们在北京吃了很多好吃的中国菜。她们还想再去北京。

______

______

______

______

Dì shísān kè
第十三课

Nǐ huì kāi qìchē ma?
你会开汽车吗?

1

59

Nǐ huì kāi qìchē ma?
A：你 会 开 汽车 吗?

Wǒ bú huì. Nǐ ne?
B：我 不 会。你 呢?

Wǒ huì kāi.
A：我 会 开。

Shénme shíhou xué de?
B：什么 时候 学 的?

Qùnián shǔjià xué de.
A：去年 暑假 学 的。

Wǒ yě xiǎng xué kāi qìchē.
B：我 也 想 学 开 汽车。

会	huì	することができる	学	xué	学ぶ、学習する
开	kāi	運転する	的	de	已然（動作がすでに発生済みであること）を表す
汽车	qìchē	自動車			
什么时候	Shénme shíhou	いつ	暑假	shǔjià	夏休み

2

60

Zánmen míngtiān qù dēngshān ba.
A：咱们 明天 去 登山 吧。

Míngtiān yǒu yǔ, bù néng qù.
B：明天 有雨，不 能 去。

Nà míngtiān nǐ dǎsuan gàn shénme?
A：那 明天 你 打算 干 什么？

Wǒ xiǎng qù měishùguǎn kàn huàzhǎn.
B：我 想 去 美术馆 看 画展。

Wǒ kěyǐ gēn nǐ yīqǐ qù ma?
A：我 可以 跟 你 一起 去 吗？

Dāngrán. Zánmen míngtiān xiàwǔ qù ba.
B：当然。咱们 明天 下午 去 吧。

咱们	**zánmen**	われわれ、私たち
登山	**dēngshān**	山に登る
吧	**ba**	文末につけて願望・同意を求める
雨	**yǔ**	雨
能	**néng**	…できる
打算	**dǎsuan**	…するつもりだ
画展	**huàzhǎn**	絵画展覧会
可以	**kěyǐ**	…できる、…してもよい
跟	**gēn**	…と
一起	**yīqǐ**	いっしょに
当然	**dāngrán**	当然だ、もちろん

学習ポイント

1 助動詞 "会 huì"・"能 néng"・"可以 kěyǐ"

(1) **"会"**

a. (学習・訓練によって、なんらかの技術を習得していることを表す) …できる。

我哥哥**会**说汉语。　Wǒ gēge huì shuō Hànyǔ.　兄は中国語が話せます。

b. (可能性があることを表す) …するであろう、…するものだ。

明天**会**下雨吗?　Míngtiān huì xiàyǔ ma?　明日は雨が降りますか？

(2) **"能"**

a. (能力がある、何かをする条件をそなえていることを表す) …できる。

我**能**做这个工作。　Wǒ néng zuò zhège gōngzuò.　私はこの仕事ができます。

b. (可能性があることを表す) …のはずだ。

今天晚上他一定**能**来。　Jīntiān wǎnshang tā yídìng néng lái.　今晩彼はきっと来るはずです。

(3) **"可以"**

a. (可能を表す) …できる、…れる、…られる。

我明天有时间，**可以**参加。　Wǒ míngtiān yǒu shíjiān, kěyǐ cānjiā.

私は明日時間があるので、参加できます。

b. (許可を表す) …してもよい、…してよろしい。

这儿**可以**吸烟吗?　Zhèr kěyǐ xī yān ma?　ここでタバコを吸ってもいいですか。

2 連動文

動詞（動詞句）を二つまたは二つ以上連用して、一つの主語の動作を表します。

主語（人）＋動詞（動詞句）^{1} ＋動詞（動詞句）^{2}

我们坐地铁去美术馆吧。　Wǒmen zuò dìtiě qù měishùguǎn ba.　私たちは地下鉄で美術館に行きましょう。

学生们明天去公园看熊猫。　Xuéshengmen míngtiān qù gōngyuán kàn xióngmāo.

学生たちは明日公園へパンダを観に行きます。

张老师明年来我们学校教汉语。　Zhāng lǎoshī míngnián lái wǒmen xuéxiào jiāo Hànyǔ.

張先生は来年私たちの学校に来て、中国語を教えます。

3 時間詞と時量詞

時間点・時刻は「時間詞」、時間の長さは「時量詞」で表す。

	時間詞			時量詞		
年	三四年 五九年	sān sì nián wǔ jiǔ nián	○○ 34 年 ○○ 59 年	三十四年 五十九年	sānshisì nián wǔshijiǔ nián	34 年間 59 年間
月	一月 三月	yī yuè sān yuè	1 月 3 月	一个月 三个月	yī ge yuè sān ge yuè	1 ヶ月 3 ヶ月
日	一号（日） 八号（日）	yī hào(rì) bā hào(rì)	1 日 8 日	一天 八天	yī tiān bā tiān	1 日間 8 日間
週	星期四 周六	xīngqīsì zhōuliù	木曜日 土曜日	四个星期 六周	sì ge xīngqī liù zhōu	6 週間 6 週間
時刻	三点 五点	sān diǎn wǔ diǎn	3 時 5 時	三（个）小时 五（个）小时	sān(ge) xiǎoshí wǔ(ge) xiǎoshí	3 時間 5 時間
	30 分 45 分	sānshí fēn sìshiwǔ fēn	30 分 45 分	30 分钟 45 分钟	sānshí fēnzhōng sìshiwǔ fēnzhōng	30 分間 45 分間

注意！ 時間詞は動詞の前に置き、時量詞は動詞の後につく。

我下午**三点**看电影。 Wǒ xiàwǔ sān diǎn kàn diànyǐng. 私は午後 3 時に映画を観ます。

我下午看了**三个小时**电影。 Wǒ xiàwǔ kàn le sān ge xiǎoshí diànyǐng. 私は午後3時間映画を観た。

我们去北海道旅行**一个星期**。 Wǒmen qù Běihǎidào lǚxíng yī ge xīngqī.

私たちは北海道に 1 週間旅行に行きます。

我们**星期一**去科学馆参观。 Wǒmen xīngqīyī qù kēxuéguǎn cānguān.

私たちは月曜日に科学館へ見学しに行きます。

山田**一月**去北京留学。 Shāntián yīyuè qù Běijīng liúxué. 山田さんは 1 月に北京留学に行きます。

山田去北京留学了**一个月**。 Shāntián qù Běijīng liúxué le yī ge yuè.

山田さんは北京留学に 1 か月行った。

中国の八大料理

中華料理には数多くの流派があり、そのうち最も影響力を持ち、代表的なものとして社会的に公認されている料理は山東料理（魯菜）、四川料理（川菜）、広東料理（粵菜）、福建料理（閩菜）、江蘇料理（蘇菜）、浙江料理（浙菜）、湖南料理（湘菜）、安徽料理（徽菜）があり、「中国八大料理」と称されている。

練習問題

1 次の単語のピンインと意味を書きなさい。

	中国語	ピンイン	日本語意味		中国語	ピンイン	日本語意味
(1)	汽车			(2)	打算		
(3)	会			(4)	可以		
(5)	什么时候			(6)	美术馆		
(7)	暑假			(8)	画展		
(9)	登山			(10)	一起		

2 次のピンインを漢字に直し、日本語に訳しなさい。

(1) Nǐ huì kāi qìchē ma?

------------------------ → ________________________

(2) Zánmen míngtiān xiàwǔ qù Dōngjīng.

------------------------ → ________________________

(3) Wǒ dǎsuan qù měishùguǎn kàn huàzhǎn.

------------------------ → ________________________

3 「会」と「能」のうち適切なものを選んで空欄を補い、完成した文を日本語に訳しなさい。

(1) 她是大阪人，当然______说日语。

→ ________________________

(2) 山本有病了，他明天不______来学校。

→ ________________________

(3) 教室里不______喝酒、吃东西。

→ ________________________

(4) 我弟弟不______打棒球，______打排球。

→ ________________________

4 (　　) から最も適当な語句を選んで空欄を埋め、文を完成し、日本語に訳しなさい。

(1) 山田的弟弟去年__________去美国，他在美国学了__________英语。(三月　三个月)

____

(2) 他今天喝了＿＿＿＿＿酒，下午＿＿＿＿＿回家的。（三点　三个小时）

＿＿

(3) 我们这次留学去北京＿＿＿＿＿，＿＿＿＿＿出发。（星期三　三个星期）

＿＿

(4) 我们＿＿＿＿＿去京都，打算在京都住＿＿＿＿＿。（五个月　五月）

＿＿

(5) 他＿＿＿＿＿出生的，出生以后在美国生活了＿＿＿＿＿。（三四年　三十四年）

＿＿

(6) 咱们明天十点＿＿＿＿＿集合，先说明＿＿＿＿＿，然后出发。（十五分钟　十五分）

＿＿

5 **次の中国語を日本語に訳しなさい。**

(1) 我弟弟 10 岁，他当然不会开汽车。

→ ＿＿＿＿＿＿＿＿＿＿＿＿＿＿＿＿＿＿＿＿＿＿＿＿＿＿＿＿＿＿＿＿＿＿＿＿

(2) 她爸爸能喝啤酒和日本酒，但不能喝威士忌和葡萄酒。

→ ＿＿＿＿＿＿＿＿＿＿＿＿＿＿＿＿＿＿＿＿＿＿＿＿＿＿＿＿＿＿＿＿＿＿＿＿

(3) 我们可以在图书馆做作业吗?

→ ＿＿＿＿＿＿＿＿＿＿＿＿＿＿＿＿＿＿＿＿＿＿＿＿＿＿＿＿＿＿＿＿＿＿＿＿

(4) 我的中国朋友会说日语，但是我不会说汉语。

→ ＿＿＿＿＿＿＿＿＿＿＿＿＿＿＿＿＿＿＿＿＿＿＿＿＿＿＿＿＿＿＿＿＿＿＿＿

6 **次の日本語を中国語に訳しなさい。**

(1) あした私はあなたと一緒に東京に行けますか。

- -

(2) 彼のお父さんは中国語を話せますよ。

- -

(3) 南海大学ではフランス語とイタリア語を学ぶことができます。

- -

(4) 来年私は中国に留学しに行きたいです。

- -

(5) 彼女は午後図書館へ本を読みに行きます。

- -

shísì

Dì 第十四 kè 课

Nǐ zěnme yòu chī jiǎozi?
你怎么又吃饺子？

1

61

Nǐ zěnme yòu chī jiǎozi?
A：你 怎么 又 吃 饺子？

Wǒ zuì xǐhuan chī jiǎozi. Nǐ chī shénme?
B：我 最 喜欢 吃 饺子。你 吃 什么？

Wǒ xiǎng chī Rìcān.
A：我 想 吃 日餐。

Shòusī, háishì Rìběn lāmiàn?
B：寿司，还是 日本 拉面？

Wǒ xiǎng chī Shòusī.
A：我 想 吃 寿司。

Fúwùyuán, zài lái fèn Shòusī.
B：服务员，再 来 份 寿司。

又	yòu	また、(…しては) また (…)	日本拉面	Rìběn Lāmiàn	ラーメン
吃	chī	食べる	服务员	Fúwùyuán	店員
日餐	Rìcān	日本料理	再	zài	再び、もう一度
寿司	Shòusī	寿司	来	lái	する、やる
还是	háishi	それとも	份	fèn	〔量詞〕…人前、…口

2

🔊 62

Nǐ de diànshìjī ne?
A：你 的 电视机 呢?

Wǒ bǎ tā sòng gěi Shāntián le.
B：我 把 它 送 给 山田 了。

Lùyīnjī ne?
A：录音机 呢?

Zuótiān bèi wǒ dìdi nòng huài le.
B：昨天 被 我 弟弟 弄 坏 了。

Nà nǐ yǐhòu zěnme xué wàiyǔ ne?
A：那 你 以后 怎么 学 外语 呢?

Wǒ yòng diànnǎo xué.
B：我 用 电脑 学。

电视机	**diànshìjī**	テレビ
把	**bǎ**	〔介詞〕…を（…する）
送	**sòng**	渡す、贈る
给	**gěi**	…に
录音机	**lùyīnjī**	テープレコーダー
被	**bèi**	…から（…される、…られる）
弄坏	**nòng huài**	いじって壊す
以后	**yǐhòu**	以後、今後
外语	**wàiyǔ**	外国語
用	**yòng**	用いる、使う
电脑	**diànnǎo**	パソコン

14

学習ポイント

❶ 副詞“又 yòu”・“再 zài”

いずれも、ある動作が重ねて行われることを表す副詞である。“再”はその動作がまだ実現していない場合に用いられるのに対し、“又”はすでに実現した場合に用いられる。

请给我们**再**唱一支日本歌吧。　Qǐng gěi wǒmen zài chàng yī zhī Rìběngē ba.

私たちにもう一曲日本の唄を歌ってください。

昨天没上课，怎么今天**又**没上课?　Zuótiān méi shàngkè, zěnme jīntiān yòu méi shàngkè?

昨日授業に出なかったが、どうして今日も出なかったのですか。

❷ 選択疑問文　“(是)”＋A＋“还是 háishi”＋B？（Aか、それともBか）

どちらかを選択させる選択疑問文で接続詞“还是”を使う。この場合のは文末には語気助詞“吗”をつけてはいけません。

你喝咖啡，**还是**喝红茶?　Nǐ hē kāfēi, háishi hē hóngchá?

あなたはコーヒーを飲みますか、それとも紅茶を飲みますか。

❸ “把 bǎ”構文

“把”を使う構文は特定の事物や人を積極的に処置する動作を強調する時に用いられる。

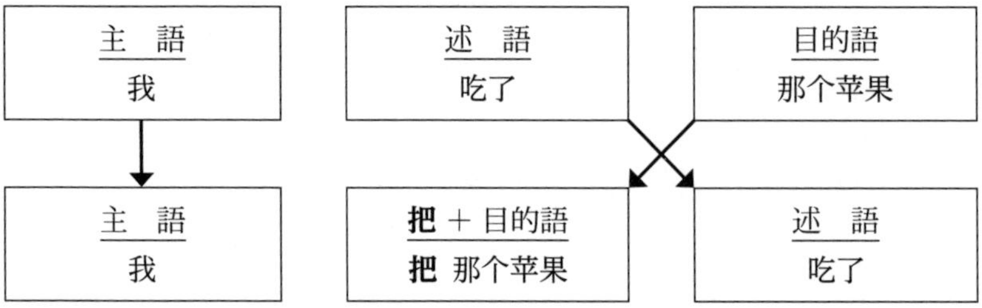

我看完了那本杂志。　→ 我**把**那本杂志看完了。　私はあの雑誌を読み終えました。

Wǒ kàn wán le nà běn zázhì.　Wǒ bǎ nà běn zázhì kàn wán le.

注意！

(1) 動詞は比較的積極的な動作を表すもので、これに処置を表すための補足成分が加わります。

我把妈妈的来信放在那张桌子上了。　私は母の手紙をあの机の上に置いた。

Wǒ bǎ māma de láixìn fàng zài nà zhāng zhuōzi shàng le.

(2) 動詞句の部分は動詞単独では文として成立しない。補語や動量詞、動詞の重ね型などにする必要がある。

我把那本杂志看。×　→ 我**把**那本杂志看完了。　私はあの雑誌を読み終えました。

(3) “把”に導かれる目的語は、話し手と聞き手の双方にとって、既知のものでなければならない。

他把一部手机拿走了。×　→ 他把**那部手机**拿走了。　彼はあのスマホを持って行った。

⑷ 助動詞や否定副詞などは、通常“把”の前に置く。

我把那本杂志没看完。× → 我**没**把那本杂志看完。 彼はあの雑誌を読み終えてない。

妹妹把那个蛋糕可以吃完。× → 妹妹**可以**把那个蛋糕吃完。 妹はあのケーキを全部食べられる。

4 受身の表現“被 bèi”（受け身の文で行為者を導く）…に、…から（…される、…られる）

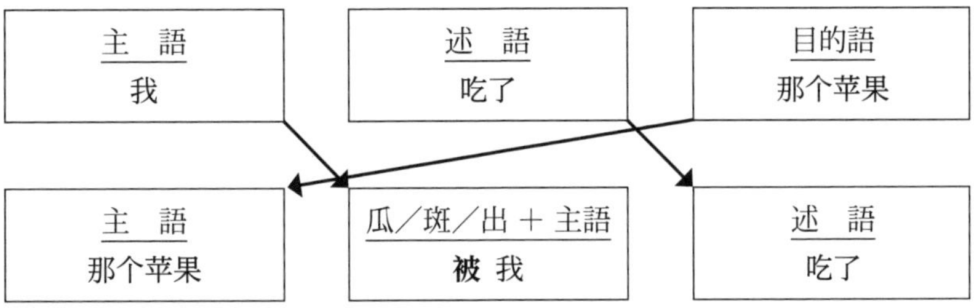

猫吃了那条鱼。 Māo chī le nà tiáo yú. → 那条鱼**被**猫吃了。 Nà tiáo yú bèi māo chī le.

注意！

⑴ 動詞句の部分は動詞単独では文として成立しない。補語や動量詞、動詞の重ね型などにする必要がある。

我的蛋糕被妹妹吃。× → 我的蛋糕**被**妹妹吃完了。 私のケーキは妹に全部食べられた。

⑵ 主語は、話し手と聞き手の双方にとって、既知のものでなければならない。

一部手机被他拿走了。× → 那部手机**被**他拿走了。 あのスマホは彼にもって行かれた。

⑶ 副詞や助動詞などは、通常“被”の前に置く。

我的电脑被弟弟已经弄坏了。× → 我的电脑已经**被**弟弟弄坏了。 私のパソコンは弟に壊されました。

中国学校教育の制度

小学校	6年	（小中の9年間を「義務教育」と呼ぶ）
中学校	3年	
高　校	3年	
短期大学	2～3年	
大　学	4年	卒業すると学士号が授与される。
修士課程	一般的に2年半から3年で修士号を取得できる。	
博士課程	一般的に3年から5年で博士号を取得できる。	

練習問題

1 次の単語のピンインと意味を書きなさい。

	中国語	ピンイン	日本語意味		中国語	ピンイン	日本語意味
(1)	喜欢			(2)	电视机		
(3)	日餐			(4)	它		
(5)	服务员			(6)	录音机		
(7)	拉面			(8)	弄坏		
(9)	再			(10)	以后		

2 次のピンインを漢字に直し、日本語に訳しなさい。

(1) Zhèr de Rìcān hěn yǒumíng.

→

(2) Wǒ bǎ diànshìjī zǒng gěi dìdì le.

→

(3) Diànnǎo bèi wǒ dìdi nòng huài le.

→

3 例にならって、文を作りなさい。

例：小李买了那本词典。 → 小李把那本词典买了。／那本词典被小李买了。

(1) 我弟弟做完了昨天的作业。 →

(2) 妈妈洗了我的毛衣。 →

(3) 他们喝完了那瓶啤酒。 →

(4) 姐姐打扫干净了我的房间。 →

(5) 弟弟弄坏了我的照相机。 →

(6) 我翻译了他的论文。 →

(7) 医生治好了山田的肺炎。 →

(8) 他买了那台电脑。 →

4 次の語句を並べ替えて正しい文を作り、日本語に訳しなさい。

(1) 咖啡、完、我、把、了、喝、那杯（あの）

→

(2) 房间（部屋）、干净（きれいに）、了、姐姐、打扫（掃除する）、被

→

(3) 一次、我、去、再、京都、想

→

(4) 那盘（あの一皿の）、被、饺子（餃子）、一个人（一人に）、吃、山田、了

→

5 次の中国語を日本語に訳しなさい。

(1) 山本和田中下星期去大阪还是京都?

(2) 猫把盘子里的鱼吃完了。

(3) 姐姐吧我的房间打扫干净了。

(4) 我的电脑被弟弟弄坏了。

6 次の日本語を中国語に訳しなさい。

(1) 吉田さんは私の紅茶を飲みました。（把構文）

(2) 彼は先生のパソコンを壊しました。（壊す：弄坏）（把構文）

(3) 私のビールは田中さんに飲まれました。（受け身文）

(4) 妹のパソコンは吉田さんに修理されました。（修理する：修好）（受け身文）

Dì shíwǔ kè
第十五课

Jīntiān wǒ mǎi le hěn duō jiǔ.
今天 我 买 了 很 多 酒。

1

63

Jīntiān wǒ mǎi le hěn duō jiǔ.
A：今天 我 买 了 很 多 酒。

Shéme jiǔ?
B：什么 酒?

Píjiǔ、 Rìběnjiǔ, háiyǒu pútaojiǔ.
A：啤酒、日本酒，还有 葡萄酒。

Shāntián jiǔliàng hěn dà, hē de hěn duō.
B：山田 酒量 很 大，喝 得 很 多。

Jiǔ hěn duō, méi wèntí.
A：酒 很 多，没 问题。

Wǎnhuì jǐ diǎn kāishǐ?
B：晚会 几 点 开始?

买	**mǎi**	買う	酒量	**jiǔliàng**	酒量
酒	**jiǔ**	お酒	得	**de**	動詞や形容詞の後に用い、結果・程度を表す補語を導く助詞
啤酒	**píjiǔ**	ビール			
日本酒	**Rìběnjiǔ**	日本酒	没问题	**méi wèntí**	問題ない、大丈夫だ
还	**hái**	まだ、その上さらに	晚会	**wǎnhuì**	夜会、（夜の）パーティー
葡萄酒	**pútaojiǔ**	ワイン、ブドウ酒	开始	**kāishǐ**	始まる、始める、開始する

2

64

Shānběn zěnme méi lái xuéxiào?
A：山本 怎么 没 来 学校?

Lǎoshī ràng tā qù jīchǎng le.
B：老师 让 他 去 机场 了。

Qù jīchǎng gàn shénme?
A：去 机场 干 什么?

Jiē cóng Běijīng lái de xīn lǎoshī.
B：接 从 北京 来 的 新 老师。

Xīn lǎoshī gěi wǒmen shàng shénme kè?
A：新 老师 给 我们 上 什么 课?

Tā jiāo wǒmen Hànyǔ zuòwén.
B：她 教 我们 汉语 作文。

让	**ràng**	(…に…）させる
机场	**jīchǎng**	空港
接	**jiē**	迎える
新	**xīn**	新しい
汉语	**Hànyǔ**	中国語
作文	**zuòwén**	作文

学習ポイント

1 構造助詞“得 de”

構造助詞“**得**”は動詞や形容詞の後に置き、補語を明示する。程度補語、可能補語に用いる。

他打棒球打**得**很好。　Tā dǎ bàngqiú dǎ de hěn hǎo.　彼は野球するのが非常に上手です。

我弟弟吃饭吃**得**很快。　Wǒ dìdi chī fàn chī de hěn kuài.　弟は食べるのがとても速い。

字写**得**很大，当然看**得**清楚。　Zì xiě de hěn dà, dāngrán kàn de qīngchu.

字はとても大きく書いているので、もちろんはっきり見えます。

2 使役文

使役文とは「～に～させる」という意味を表す文です。

「A ＋ **“让 ràng ／叫 jiào ／使 shǐ”** ＋ B（受け手）＋**動詞句**」

a. **“让”**

爸爸**让**我去买啤酒。　Bàba ràng wǒ qù mǎi píjiǔ.　父は私にビールを買いに行かせます。

妈妈不**让**妹妹吃点心。　Māmā bú ràng mèimei chī diǎnxīn.　母は妹にお菓子を食べさせません。

b. **“叫”**

老师**叫**学生们写报告。　Lǎoshī jiào xuéshengmen xiě bàogào.　先生は学生にレポートを書かせます。

山田**叫**我给他打电话。　Shāntián jiào wǒ gěi tā dǎ diànhuà.　山田さんは私に彼へ電話をさせます。

c. **“使”**

他的话**使**我感到意外。　Tā de huà shǐ wǒ gǎndào yìwài.　彼の言葉に私は驚きました。

他流畅的英语**使**我佩服。　Tā liúchàng de Yīngyǔ shǐ wǒ pèifú.　彼の流暢な英語に感心します。

3 動詞と前置詞の“给 gěi”

a. **動詞の“给”**（与える／あげる／くれる）

山本**给**了他两个饭团。　Shānběn gěi le tā liǎng ge fàntuán.　山本さんは彼におにぎりを2個あげた。

他**给**了我一张电影票。　Tā gěi le wǒ yī zhāng diànyǐng piào.　彼は私に映画のチケットをくれました。

我们不能**给**他们机会。　Wǒmen bù néng gěi tāmen jīhuì.　私たちは彼らにチャンスを与えてはいけません。

b. **前置詞の“给”**（…に／…ために／…に向かって）

他又**给**我写了两封信。　Tā yòu gěi wǒ xiě le liǎng fēng xìn.　彼は私にさらに2通の手紙を書きました。

我**给**山田打了两次电话。　Wǒ gěi Shāntián dǎ le liǎng cì diànhuà.　私は山田さんに2回電話した。

4 原因・方法を問う“怎么 zěnme”

a. 原因を問う“怎么”（なぜ／どうして）

上星期你们**怎么**没去京都？　Shàng xīngqī nǐmen zěnme méi qù Jīngdū?

なぜ先週京都に行かなかったのですか。

你昨天晚上**怎么**喝了那么多酒？　Nǐ zuótiān wǎnshang zěnme hē le nàme duō jiǔ?

昨日の夜、なぜそんなに飲んだの？

b. 方法を問う“怎么”（どのように／どうやって）

你们打算**怎么**去北海道？　Nǐmen dǎsuan zěnme qù Běihǎidào?

どうやって北海道に行くつもりですか？

日本饭团**怎么**做？　教教我吧。　Rìběn fàntuán zěnme zuò? Jiàojiao wǒ ba.

日本のおにぎりはどうやって作りますか？ 教えてください。

中国十大都市

(1) 重慶市：3212 万人	(2) 上海市：2489 万人
(3) 北京市：2188 万人	(4) 成都市：2119 万人
(5) 広州市：1881 万人	(6) 深圳市：1768 万人
(7) 天津市：1373 万人	(8) 武漢市：1364 万人
(9) 西安市：1316 万人	(10) 蘇州市：1279 万人

※第七回中国人口調査による。

練習問題

1 次の単語のピンインと意味を書きなさい。

	中国語	ピンイン	日本語意味		中国語	ピンイン	日本語意味
(1)	买			(2)	机场		
(3)	啤酒			(4)	怎么		
(5)	威士忌			(6)	让		
(7)	酒量			(8)	接		
(9)	没问题			(10)	开始		

2 次のピンインを漢字に直し、日本語に訳しなさい。

(1) Jīntiān wǒ mǎi le hěn duō jiǔ.

______________ → ______________

(2) Lǎoshī ràng tā qù jīchǎng le.

______________ → ______________

(3) Xīn lǎoshī gěi wǒmen jiào shénme?

______________ → ______________

3 次の中国語の誤りを直しなさい。

(1) 山田的弟弟喝啤酒很多。 → ______________

(2) 妈妈做中国菜很好吃。 → ______________

(3) 爸爸让我和弟弟不喝酒。 → ______________

(4) 妈妈让姐姐没回来。 → ______________

4 例にならって、文を作り、日本語に訳しなさい。

例：读书（学生）——老师

老师让学生读书。 → 先生は学生に本を読ませます。

(1) 做作业（他）——妈妈

______________ → ______________

(2) 买啤酒（我）——爸爸

______________ → ______________

(3) 去京都（他们）——部长

→

(4) 一个人睡觉（孩子）——他

→

(5) 回答问题（山田）——老师

→

(6) 打扫房间（我）——她

→

5 次の中国語を日本語に訳しなさい。

(1) 老师让他明天上午十点来学校。

(2) 妈妈让他去大阪，让姐姐去京都。

(3) 请让我看看这件毛衣吧。

(4) 让您久等了，对不起。

(5) 老师让她们在教室做作业。

(6) 弟弟十八岁，爸爸不让他喝酒。

6 次の日本語を中国語（使役文）に訳しなさい。

(1) このコーヒーは彼に飲ませましょう。（～ましょう：～吧）

(2) お父さんは僕を中国留学に行かせ、弟をアメリカ留学に行かせた。

(3) 母は子どもたちに野菜を食べさせます。（子供たち：孩子们／野菜：蔬菜）

(4) 先生は生徒に答えさせます。

(5) 私たちに自由に意見を述べさせてくれました。（自由に：自由地／意見：意见／述べる：发表）

(6) あそこは危険なので、彼を絶対に行かせません。

付録1 あいさつ言葉

🔊 65

你好。 Nǐ hǎo. こんにちは。

你们好。 Nǐmen hǎo. （みなさん）こんにちは。

你好吗? Nǐ hǎo ma? お元気ですか？

早上好。 Zǎoshang hǎo. **你早。** Nǐ zǎo. おはよう。

您早。 Nín zǎo. おはようございます。

晚上好。 Wǎnshang hǎo. こんばんは。

晚安。 Wǎn'ān. お休みなさい。

好久不见了。 Hǎojiǔ bùjiàn le. お久しぶりです。

你身体好吗? Nǐ shēntǐ hǎo ma? お元気ですか？

你忙吗? Nǐ máng ma? お忙しいですか？

不太忙。 Bù tài máng. あまり忙しくないです。

再见。 Zàijiàn. さようなら。

明天见。 Míngtiān jiàn. また明日。

回头见。 Huítóu jiàn. また後で。

下次见。 Xià cì jiàn. また今度。

慢走。 Màn zǒu. **走好。** Zǒu hǎo. お気をつけて（お帰りください）。

谢谢。 Xièxie. ありがとう。

不用谢。 Bú yòng xiè. **不谢。** Bú xiè. **不客气。** Bú kèqì. どういたしまして。

没什么。 Méi shénme. **哪里哪里。** Nǎli nǎli. どういたしまして。

对不起。 Duìbuqǐ. すみません。

没关系。 Méi guānxì. **没什么。** Méi shénme. かまいませんよ。

请原谅。 Qǐng yuánliàng. お許しください。

很抱歉。 Hěn bàoqiàn. 大変申し訳ありません。

麻烦你（您）了。 Máfan nǐ (nín) le. お手数をおかけしました。

请多关照。 Qǐng duō guānzhào. どうぞよろしくお願いいたします。

认识您很高兴。 Rènshi nín hěn gāoxìng. お知り合いになれてうれしく存じます。

欢迎，欢迎。 Huānyíng, huānyíng. ようこそ。

付録 2 家族・親戚の呼び方

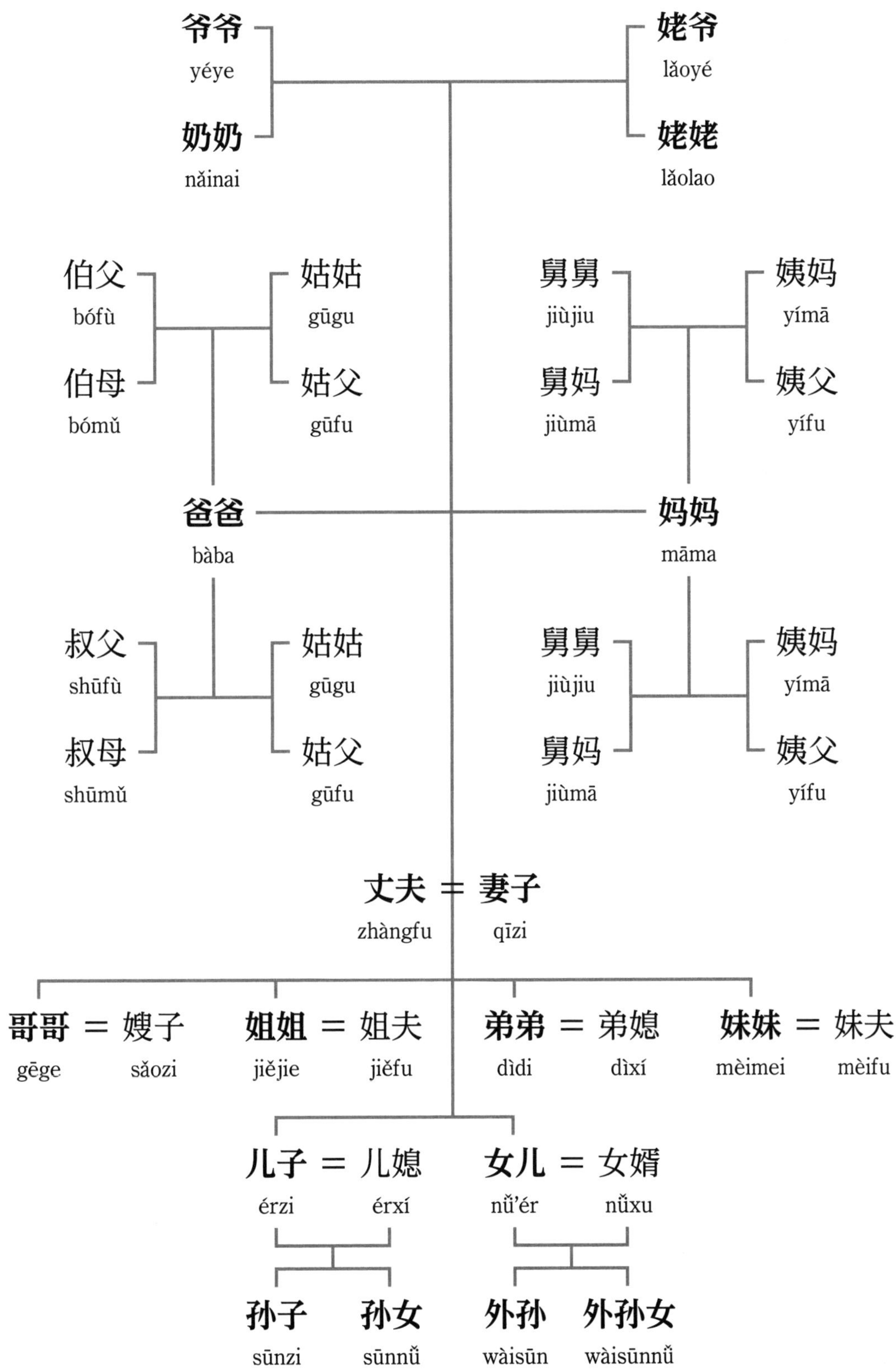

付録3 教室用語

🔊 66

现在开始上课。	Xiànzài kāishǐ shàngkè.	授業を始めましょう。
今天就到这儿。	Jīntiān jiù dào zhèr.	きょうはここまで。
现在点名。	Xiànzài diǎnmíng.	これから出席をとります。
请跟我读。	Qǐng gēn wǒ dú.	私のあとについて読んでください。
请再说一遍。	Qǐng zài shuō yī biàn.	もう一度言ってください。
请回答。	Qǐng huídá.	答えてください。
请慢慢地说。	Qǐng mànmān de shuō.	ゆっくり言ってください。
请打开课本。	Qǐng dǎkāi kèběn.	教科書を開いてください。
请合上课本。	Qǐng héshang kèběn.	教科書を閉じてください。
明白了吗?	Míngbái le ma?	わかりましたか。
明白了。	Míngbai le.	はい、わかりました。
还没明白。	Hái méi míngbai.	いいえ、わかりません。
生词都记住了吗。	Shēngcí dōu jìzhù le ma?	単語は全部覚えましたか。
都记住了。	Dōu jìzhù le.	はい、覚えました。
还没记住。	Hái méi jìzhù.	いいえ、まだです。
~用汉语怎么说?	~ Yòng Hànyǔ zěnme shuō?	～は中国語で何と言いますか。
作业做完了吗?	Zuòyè zuò wán le ma?	宿題をし終えましたか。

付録4 常用量詞

量詞	例
个 ge	一个人 rén（苹果 píngguǒ，国家 guójiā，鸡蛋 jīdàn）
台 tái	一台电视机 diànshìjī テレビ（洗衣机 xǐyījī，录音机 lùyīnjī）
位 wèi	一位老师 lǎoshī（客人 kèren，先生 xiānsheng）
张 zhāng	一张纸 zhǐ（桌子 zhuōzi，邮票 yóupiào，照片 zhàopiàn）
支 zhī	一支钢笔 gāngbǐ（铅笔 qiānbǐ，毛笔 máobǐ，粉笔 fěnbǐ）
件 jiàn	一件衣服 yīfu（家具 jiājù，毛衣 máoyī，事情 shìqing）
辆 liàng	一辆汽车 qìchē（火车 huǒchē，自行车 zìxíngchē）
本 běn	一本书 shū（杂志 zázhì，词典 cídiǎn，小说 xiǎoshuō）
把 bǎ	一把伞 sǎn（刀 dāo，椅子 yǐzi，扇子 shànzi）
条 tiáo	一条河 hé（鱼 yú，街 jiē，路 lù，蛇 shé）
只 zhī	一只狗 gǒu（羊 yáng，猫 māo，鸟 niǎo，鸡 jī）
间 jiān	一间屋子 wūzi（病房 bìngfáng，会议室 huìyìshì，客厅 kètīng）
架 jià	一架飞机 fēijī（照相机 zhàoxiàngjī，大桥 dàqiáo，梯子 tīzi）
棵 kē	一棵树 shù（草 cǎo，稻子 dàozi，松树 sōngshù）
块 kuài	一块香皂 xiāngzào（豆腐 dòufu，石头 shítou，巧克力 qiǎokèlì）
口 kǒu	一口人 rén（猪 zhū，水缸 shuǐgāng，锅 guō）
双 shuāng	一双鞋 xié（袜子 wàzi，筷子 kuàizi，手套 shǒutào）
套 tào	一套衣服 yīfu（邮票 yóupiào，茶具 chájù，家具 jiājù）
匹 pǐ	一匹马 mǎ（骡子 luózi，骆驼 luòtuo，布 bù）
头 tóu	一头牛 niú（狮子 shīzi，野兽 yěshòu，大象 dàxiàng）
座 zuò	一座山 shān（大楼 dàlóu，坟墓 fénmù，纪念碑 jìniànbēi）
种 zhǒng	一种人 rén（动物 dòngwù，制度 zhìdù，思想 sīxiǎng）
片 piàn	一片面包 miànbāo（饼干 bǐnggān，土地 tǔdì，药 yào）
封 fēng	一封信 xìn（请帖 qǐngtie，电报 diànbào，唁电 yàndiàn）

篇 piān	一篇文章 wénzhāng（论文 lùnwén，讲演稿 jiǎngyǎngǎo，作文 zuòwén）
首 shǒu	一首诗 shī（歌儿 gēr，乐曲 yuèqǔ）
瓶 píng	一瓶啤酒 píjiǔ（果汁 guǒzhī，威士忌 wēishìjì，酱油 jiàngyóu）
杯 bēi	一杯酒 jiǔ（茶 chá，咖啡 kāfēi，鸡尾酒 jīwěijiǔ）
碗 wǎn	一碗米饭 mǐfàn（面条 miàntiáo，汤 tāng，稀饭 xīfàn）
盘 pán	一盘菜 cài（水果 shuǐguǒ，点心 diǎnxin，瓜子儿 guāzǐr）
场 chǎng	一场雨 yǔ（比赛 bǐsài，战争 zhànzhēng，运动 yùndòng）
盒 hé	一盒烟 yān（磁带 cídài，饼干 bǐnggān，茶叶 cháyè）
家 jiā	一家商店 shāngdiàn（医院 yīyuàn，工厂 gōngchǎng，公司 gōngsī）

付録 5 常用反義語

大 dà	⟷	小 xiǎo	真 zhēn	⟷	假 jiǎ
长 cháng	⟷	短 duǎn	便宜 piányi	⟷	贵 guì
高 gāo	⟷	低 dī	轻松 qīngsōng	⟷	紧张 jǐnzhāng
高 gāo	⟷	矮 ǎi	大方 dàfang	⟷	小气 xiǎoqì
胖 pàng	⟷	瘦 shòu	热情 rèqíng	⟷	冷漠 lěngmò
多 duō	⟷	少 shǎo	开朗 kāilǎng	⟷	忧郁 yōuyù
新 xīn	⟷	旧 jiù	好吃 hǎochī	⟷	难吃 nánchī
远 yuǎn	⟷	近 jìn	好喝 hǎohē	⟷	难喝 nánhē
厚 hòu	⟷	薄 báo	胆大 dǎndà	⟷	胆小 dǎnxiǎo
好 hǎo	⟷	坏 huài	漂亮 piàoliang	⟷	难看 nánkàn
轻 qīng	⟷	重 zhòng	简单 jiǎndān	⟷	复杂 fùzá
黑 hēi	⟷	白 bái	喧闹 xuānnào	⟷	安静 ānjìng
快 kuài	⟷	慢 màn	聪明 cōngming	⟷	愚蠢 yúchǔn
早 zǎo	⟷	晚 wǎn	明亮 míngliàng	⟷	阴暗 yīn'àn
宽 kuān	⟷	窄 zhǎi	认真 rènzhēn	⟷	马虎 mǎhu
粗 cū	⟷	细 xì	干净 gānjìng	⟷	肮脏 āngzāng
热 rè	⟷	冷 lěng	细心 xìxīn	⟷	粗心 cūxīn
香 xiāng	⟷	臭 chòu	全面 quánmiàn	⟷	片面 piànmiàn

付録 6　中国語文法のまとめ

一．代名詞

1. **人称代名詞**　我、我们／你、您、你们／他（她）、他们（她们）／它、它们／大家／自己／别人
2. **指示代名詞**　这（这儿、这里）／那（那儿、那里）／这么、那么
3. **疑問代名詞**　谁、哪（哪儿）、什么、多少、几、怎么、怎么样、为什么

二．数詞

1. **基数詞**　一、二、三、四、五、十、百、千、万
2. **序数詞**　第一、第二、第三、第十、第七十六
3. **概数詞**　十几、几十、几百、二十多、三百多

三．量詞 ⇒ 97 ページ（付録 4）

四．副詞

1. **肯定・否定**　**不**：我**不**是学生。 **没（有）**：他**没（有）**去医院。 **别**：你**别**去东京。
2. **程度**　**很**：她**很**高兴。 **太**：**太**好了！ **非常**：那里的天气**非常**热。
   最：我**最**喜欢喝咖啡。 **更**：明天**更**凉快。 **特别**：这儿的留学生**特别**多。
   多么（多）：这些孩子**多么（多）**可爱呀！ **极了**：她唱得好**极了**！
   几乎：中国的大城市，我**几乎**都去过。 **有点儿**：我们最近**有点儿**忙。
   一点儿：我的汽车比他的汽车贵**一点儿**。 **不太**：她做的中国菜**不太**好吃。
   一点儿也：他说的汉语，我**一点儿也**听不懂。
3. **範囲**　**都**：他们**都**从上海回来了。 **一起**：他们**一起**去机场了。
   一共：这些药**一共** 300 元。 **只**：我**只**去过一次北京。
4. **時間**　**正在**：我们**正在**看电视。 **已经**：他**已经**回国了。
   就：她上星期**就**去北海道了。 **先**：我**先**看，然后你看。
   才：他晚上 11 点**才**下班。 **一直**：他的成绩**一直**很好。
   总是：她**总是**很忙。 **马上**：请安静，电影**马上**开始。
5. **語気**　**也**：我**也**有一本村上春树的小说。 **还**：她**还**没起床。
   真：你写的字**真**漂亮！ **终于**：考试**终于**结束了。
   其实：这道题**其实**很容易。 **当然**：那样做**当然**不可以。

6. 頻度　　**再**：我想**再**去一次京都。　**又**：今天他**又**迟到了。

经常：最近他**经常**去爬山。　**常常**：小李**常常**坐出租去学校。

总是：我弟弟**总是**迟到。

五. 接続詞

1. 連合複文　　**不是…就是…**：星期天他**不是**看电视，**就是**玩儿游戏。

先…然后…：**先**吃饭，**然后**去看电影。

一边…一边…：他**一边**上网，**一边**听音乐。

或者…或者…：**或者**给我打电话，**或者**发电子邮件。

是…还是…：我们**是**打车**还是**坐地铁?

既…又（也）…：我**既**想游泳，**又**想打乒乓球。

有时…，有时…：我**有时**喝咖啡，**有时**喝红茶。

2. 主従複文　　**不但…而且…**：**不但**她会说汉语，**而且**她妹妹也会说汉语。

因为…所以…：**因为**下雨，**所以**他没去踢足球。

虽然…但是…：**虽然**他 80 岁了，**但是**身体很好。

如果…就…：**如果**大家都不反对，**就**这样决定。

只有…才…：**只有**努力学习，**才**能考上好大学。

只要…就…：**只要**有钱，**就**去海外留学。

即使…也…：**即使**明天下雨，我们**也**要去看红叶。

六. 介詞　　**在**：她**在**教室看书。　**从**：她**从**中国回来了。　**对**：他**对**我很好。

比：我**比**她高。　**向（往）**：**向（往）**左走。　**离**：学校**离**我家很近。

和（跟）：你**和（跟）**我们一起去吧。　**为**：不要**为**我担心。

为了：**为了**解决这些问题，他们想了很多办法。

除了：**除了**画画儿，她还喜欢跳舞。　**把**：请**把**电视机打开。

被：鱼**被**小猫吃了。　**关于**：**关于**长崎的历史，我知道得很少。

七. 助動詞　　**会**：我**会**做法国菜。　**能**：你什么时候**能**来?　**可以**：现在你**可以**走了。

想：我们**想**去北京留学。　**要**：我**要**学游泳。

打算：她**打算**坐飞机去中国。　**可能**：明天**可能**下雨。

应该：他们昨天晚上**应该**到大阪了。　**愿意**：你**愿意**和我结婚吗?

八．助詞

1．結構　**的**：我**的**电脑

「的」フレーズ　书是哥哥的。(**名詞＋的**)　那个杯子是我的。(**代名詞＋的**)

这件衣服是最便宜的。(**形容詞＋的**)　我买了一些吃的。(**動詞＋的**)

那边打电话的是我哥哥。(**動詞句＋的**)

得：他汉语说**得**非常好。

地：她高兴**地**笑了。

2．語気　**了**：她去医院**了**。　**吗**：他是这个学校的校长**吗**?　**呢**：你在哪儿**呢**?

吧：现在快 10 点了**吧**?

3．動態　**着**：她现在躺**着**看书呢。　**了**：我买**了**一本书。　**过**：我学**过**汉语。

九．動詞の重ね　你去**问问**他。　让我**想一想**。

十．平叙文

1．肯定　明天星期六。(**名詞述語文**)　我认识他。(**動詞述語文**)

天气很好。(**形容詞述語文**)

2．否定　**不**：他们**不**是学生。　她**不**在饭店。　这件毛衣**不**贵。

没（有）：他**没（有）**去看电影。　**别**：你**别**忘了带护照。

十一．疑問文

1．当否疑問文　**吗**：这是你的桌子**吗**?　**呢**：我是老师，你**呢**?　**吧**：你是中国人**吧**?

2．疑問詞疑問文　**谁**：那个人是**谁**?　**哪**：这些杯子，你喜欢**哪**一个?

哪儿：你想去**哪儿**?　**什么**：你爱吃**什么**水果?

多少：你们学校有**多少**学生?　**几**：你**几**岁了?

怎么：你们**怎么**去京都?　**怎（么）样**：这本书**怎（么）样**?

为什么：他**为什么**没来?　**多**：从这儿到那儿有**多**远?

3．反復疑問文　你**喝不喝**茶?　这件毛衣**漂亮不漂亮**?　你**决定没决定**?

4．選択疑問文　你喝茶，**还是**喝咖啡?　你去，**还是**她去?

十二．命令文・願望文　**请**：**请**坐。　**别**：**别**说话。　**不要**：**不要**吃太多。

十三．感嘆文　**太**：**太**好了！　**真**：**真**干净！　**多么（多）**：他跑得**多么（多）**快啊！
极了：好**极了**！

十四．基本文型

1. **名詞述語文**　今天星期天。　你哪国人？
2. **動詞述語文**　他们吃日本菜。　我们去上海。
3. **形容詞述語文**　北海道很冷。　这个学校的学费相当贵。
4. **主述述語文**　中国人口很多。　京都风景漂亮。
5. **一語文**　名詞一語文：台风！　動詞一語文：走！　形容詞一語文：漂亮！

十五．特別な文型

1. **“(是）……的”**（1）**時間の強調**：他们**是**昨天下午回来**的**。
（2）**場所の強調**：这**是**在火车站买**的**。
（3）**方法の強調**：他**是**坐飞机来**的**。
2. **比較文**　**比**：今天**比**昨天冷。　**和（跟）…一样**：他**和（跟）**我**一样**高。
没有（有）…那么（这么）：上海没有北京**那么**冷。
不比…：上海**不比**北京冷。
3. **“把”構文**　我**把**衣服洗了。　小王**将**那封信拿回来了。
4. **受身文**　我的电脑**被**山田拿走了。　我的照相机**给**他弄坏了。
5. **連動文**　他每天**骑自行车去学校**。　咱们今天下午**去电影院看电影**。
6. **存現文**　桌子上**放着**一本书。　前面走**过来**两个留学生。
上星期**来了**一个重要的客人。
7. **兼語文**　妈妈让**弟弟**去买啤酒了。　小王叫**我**去他家玩儿。

十六．補語

1. **程度補語**　她的房间干净**极了**。　我弟弟头疼得**不得了**。
2. **結果補語**　那本小说我已经**看完了**。　那本小说我没**看完**。　老师的话我**听懂了**。
老师的话我**没听懂**。
3. **方向補語**　他拿**来**了两瓶啤酒。　两瓶啤酒他没拿**去**。
爸爸把那台电视机买**回来**了。　爸爸没把那台电视机买**回来**。

4.	**状態補語**	他高兴得**跳起来了**。 她悲伤得**哭了**。
5.	**可能補語**	这些菜我吃**得完**。 这些菜我吃**不完**。
		他们跑**得出去**。 他们跑**不出去**。
6.	**動量補語**	去年我去了**两次**北京。 你把课文再读**一遍**。
7.	**時量補語**	暑假他在京都住了**半个月**。 请你再等**十分钟**，他一会儿就回来。

単語索引

第 5 課から第 15 課までの単語をアルファベット順に並べ、初めて出てくる「課」を数字で、付録 1 から 6 までの単語は F1-6 で示しました。複数の同じ単語をあげてあるものは品詞が異なったり、意味が大きく異なる場合です。

dǎnxiǎo	胆小	F5
dānxīn	担心	F6
dāo	刀	F4
dào	到	10
dào	道	F6
dàolái	到来	15
dàozi	稻子	F4
dàqiáo	大桥	F4
dǎsǎo	打扫	15
dǎsuan	打算	13
dàxiàng	大象	F4
dàxué	大学	7
dàxuéshēng	大学生	5
de	的	7
de	地	10
de	得	15
de duō	得多	11
dēng	登	15
dēngshān	登山	13
dī	低	F3
diǎn	点	8
diànbào	电报	F4
diànnǎo	电脑	14
diànshì	电视	12
diànshìjī	电视机	14
diǎnxīn	点心	15
diànyǐng	电影	7
diànyǐng piào	电影票	15
diànyǐngyuàn	电影院	F6
diànzǐ	电子	F6
dìdi	弟弟	6
díquè	的确	12
dìtiě	地铁	9
dōng	东	9
dǒng	懂	F6
dōngbian	东边	9
Dōngjīng	东京	11
dōngtiān	冬天	11
dòngwù	动物	11
dòngwùyuán	动物园	9
dōu	都	7
dòufu	豆腐	F4
dù	度	11
duì	对	F6
duìbuqǐ	对不起	F1
duō	多	10
duō	多	12
duō cháng	多长	10
duō dà	多大	6
duō le	多了	11
duōshǎo	多少	9

E

érqiě	而且	F6
érxí	儿媳	F1
érzi	儿子	6

F

Fǎguócài	法国菜	F6
fàndiàn	饭店	F6
fǎnduì	反对	F6
fàntuán	饭团	15
fēicháng	非常	11
fēijī	飞机	13
fēn	分	8
fèn	份	14
fěnbǐ	粉笔	F4
fēng	封	F4
fēngjǐng	风景	11
fénmù	坟墓	F4
fēnzhōng	分钟	10
Fúwùyuán	服务员	14
fùzá	复杂	F5

G

gàn	干	7
gǎndào	感到	15
gāngbǐ	钢笔	F4
gānjìng	干净	14
gàn shénme	干什么	12
gāo	高	11
gāotiě	高铁	10
gāoxìng	高兴	15
gē	歌	14
ge	个	6
gēge	哥哥	6
gěi	给	14
gěi	给	15
gēn	跟	13
gèng	更	F6
gōngchǎng	工厂	F4
gōnggòng qìchē	公共汽车	10
gōngmín	公民	7
gōngsī	公司	F4
gōngwùyuán	公务员	6
gōngyuán	公园	13
gōngzuò	工作	10
gǒu	狗	F4
guāzǐr	瓜子儿	F4

gūfu	姑父	F2
gūgu	姑姑	F2
guì	贵	5
guìxìng	贵姓	5
gǔjī	古迹	12
guō	锅	F4
guo	过	12
guójiā	国家	10
guǒzhī	果汁	F4

H

hái	还	15
háishì	还是	14
hǎiwài	海外	10
Hànyǔ	汉语	15
hǎo	好	F5
hào	号	8
hǎochī	好吃	11
hǎohǎor	好好儿	14
hǎohē	好喝	F5
hǎojiǔ	好久	F1
hē	喝	7
hé	和	6
hé	河	9
hé	盒	F4
hēi	黑	F5
hěn	很	12
hěn bàoqiàn	很抱歉	F1
hóngyè	红叶	F6
hòu	后	9
hòu	厚	F5
hòubian	后边	9
hòunián	后年	8
hòutiān	后天	8
huà	话	15
huà	画	F6
huàr	画儿	F6
huài	坏	F5
huānyíng	欢迎	F1
huàzhǎn	画展	13
huì	会	13
huíguó	回国	F6
huí jiā	回家	11
huílai	回来	10
huítóu jiàn	回头见	F1
huìyìshì	会议室	F4
huǒchē	火车	F4
huǒchēzhàn	火车站	9
huòzhě	或者	F6
hùzhào	护照	F6

J

jī	鸡	F4
jǐ	几	6
jiā	家	6
jiā	家	F4
jià	架	F4
jiājù	家具	F4
jiān	间	F4
jiàn	件	F4
jiǎndān	简单	10
jiǎngyǎngǎo	讲演稿	F4
jiàngyóu	酱油	F4
jiāo	教	10
jiào	叫	5
jiàoshì	教室	9
jiàoshòu	教授	7
jiǎozi	饺子	11
jīchǎng	机场	15
jīdàn	鸡蛋	F4
jǐ diǎn	几点	8
jiē	接	15
jiē	街	F4
jiěfu	姐夫	F2
jiějie	姐姐	6
jiějué	解决	F6
jiéhūn	结婚	F6
jiéshù	结束	F6
jīhū	几乎	F6
jīhuì	机会	15
jí le	极了	F6
jìn	近	F5
jīngcháng	经常	F6
Jīngdū	京都	8
jìniànbēi	纪念碑	F4
jīnnián	今年	8
jīntiān	今天	8
jíshǐ	即使	F6
jiǔ	酒	15
jiù	旧	F5
jiù	就	9
jiùjiu	舅舅	F2
jiǔliàng	酒量	15
jiùmā	舅妈	F2
jīwěijiǔ	鸡尾酒	F4
juédìng	决定	F6

K

kāfēi	咖啡	12

kāi	开	13
kāilǎng	开朗	F5
kāi qìchē	开汽车	10
kāishǐ	开始	15
kàn	看	12
kànshū	看书	12
kǎo shàng	考上	F6
kǎoshì	考试	10
kē	棵	F4
kè	刻	8
kě'ài	可爱	F6
kèběn	课本	7
kèren	客人	F4
kètīng	客厅	F4
kēxuéguǎn	科学馆	13
kěyǐ	可以	13
kǒu	口	6
kū	哭	F6
kuài	快	15
kuài	块	F4
kuàizi	筷子	F4
kuān	宽	F5

L

là	辣	11
lái	来	14
lāmiàn	拉面	14
lǎolao	姥姥	F2
lǎoshī	老师	7
lǎoyé	姥爷	F2
le	了	6
le	了	12
lěng	冷	10
lěngmò	冷漠	F5
lí	离	12
lǐ	里	9
liàng	辆	6
liángkuai	凉快	F6
língxià	零下	11
lìshǐ	历史	F6
liúchàng	流畅	15
liúxué	留学	10
liúxuéshēng	留学生	5
lǐwù	礼物	15
lù	路	F4
lùnwén	论文	F4
luòtuo	骆驼	F4
luózi	骡子	F4
lùyīnjī	录音机	14
lǜshī	律师	7
lǚxíng	旅行	13

M

mǎ	马	F4
ma	吗	5
mǎhu	马虎	F5
mǎi	买	15
māma	妈妈	6
màn	慢	10
máng	忙	F1
māo	猫	F4
máobǐ	毛笔	F4
máoyī	毛衣	F4
Mápó dòufu	麻婆豆腐	11
mǎshàng	马上	F6
méi	没	12
mèifu	妹夫	F2
méi guānxi	没关系	F1
Měiguó	美国	7
mèimei	妹妹	6
méi shénme	没什么	F1
měishùguǎn	美术馆	9
měitiān	每天	10
méi wèntí	没问题	15
méiyǒu	没有	6
miàntiáo	面条	F4
mǐfàn	米饭	F4
míngbái	明白	10
míngliàng	明亮	F5
míngnián	明年	8
míngtiān	明天	8
míngzi	名字	5
mòlìhuāchá	茉莉花茶	7
mǔxiào	母校	7

N

ná	拿	14
nà	那	7
nǎge	哪个	9
nàge	那个	7
nǎlǐ nǎlǐ	哪里哪里	F1
nǎinai	奶奶	6
nǎli	哪里	9
nàli	那里	F6
nàme	那么	15
nán	南	9
nánchī	难吃	F5
nánhē	难喝	F5
nánkàn	难看	F5

nán péngyou	男朋友	7
nǎr	哪儿	9
nàr	那儿	F6
nàxiē	那些	7
ne	呢	6
ne	呢	9
ne	呢	12
néng	能	13
nǐ	你	5
nián	年	8
niánjí	年级	11
niánjì	年纪	6
niǎo	鸟	F4
nǐmen	你们	5
nín	您	5
niú	牛	F4
nòng huài	弄坏	14
nǚér	女儿	6
nǔlì	努力	10
nǚxu	女婿	F2

P

pán	盘	F4
pángbiān	旁边	9
pǎo	跑	F6
páshān	爬山	F6
pèifú	佩服	15
péngyou	朋友	15
pǐ	匹	F4
piān	篇	F4
piàn	片	F4
piànmiàn	片面	F5
piányi	便宜	11
piàoliang	漂亮	11
píjiǔ	啤酒	15
píng	瓶	F4
píngguǒ	苹果	14
pīngpāngqiú	乒乓球	F6
pútáojiǔ	葡萄酒	15

Q

qián	前	9
qián	钱	10
qiánnián	前年	8
qiántiān	前天	8
qiǎokèlì	巧克力	F4
qìchē	汽车	13
qǐchuáng	起床	F6
qǐlái	起来	F6
qīng	轻	F5
qǐng	请	10
qīngchǔ	清楚	15
qíngtiān	晴天	8
qǐngtiě	请帖	F4
qǐngwèn	请问	9
qǐng yuánliàng	请原谅	F1
qíshí	其实	F6
qīzi	妻子	6
qù	去	9
quánmiàn	全面	F5
qùnián	去年	8

R

ràng	让	15
ránhòu	然后	F6
rè	热	11
rén	人	F4
rènzhēn	认真	10
rèqíng	热情	F5
rì	日	8
Rìběncài	日本菜	F6
Rìběnjiǔ	日本酒	15
Rìběnrén	日本人	5
Rìcān	日餐	14
Rìyǔ	日语	7
róngyì	容易	F6
rúguǒ	如果	F6

S

sǎozi	嫂子	F2
shān	山	15
shàng	上	12
shāngdiàn	商店	F4
shànggeyuè	上个月	8
shàng(ge) xīngqī	上（个）星期	8
Shànghǎi	上海	10
shàngkè	上课	10
shàngqu	上去	15
shàngwǔ	上午	8
shànzi	扇子	F4
shǎo	少	F5
shé	蛇	F4
shéi	谁	7
shēngqì	生气	14
Shēngrì	生日	8
shénme	什么	5
shénme shíhou	什么时候	13
shēntǐ	身体	F1
shī	诗	F4

shǐ	使	15
shì	是	5
shījí	诗集	15
shíjiān	时间	10
shìlì	市立	9
shìqing	事情	F4
shítou	石头	F4
shīzi	狮子	F4
shǒu	首	F4
shòu	瘦	F5
shǒudū	首都	7
shǒujī	手机	7
Shòusī	寿司	14
shǒutào	手套	F4
shū	书	7
shuāng	双	F4
shūfù	叔父	F2
shǔjià	暑假	13
shuǐgāng	水缸	F4
shuǐguǒ	水果	9
shūmǔ	叔母	F2
shuō	说	13
shuōmíng	说明	10
sīxiǎng	思想	F4
sòng	送	14
sōngshù	松树	F4
suì	岁	6
suīrán	虽然	F6
sūnzi	孙子	F2
sūnnǚ	孙女	F2
suǒyǐ	所以	F6

T

tā	他	5
tā	她	5
tā	它	F6
tái	台	6
tài…le	太…了	10
tāmen	他们	5
tāmen	她们	5
tāmen	它们	F6
tāng	汤	F4
tǎng	躺	12
tào	套	F4
tèbié	特别	11
téng	疼	F6
tī	踢	F6
tí	题	F6
tiānqì	天气	9
tiáo	条	F4
tiào	跳	F6
tiàowǔ	跳舞	F6
tīng	听	F6
tǐng	挺	11
tǐyùguǎn	体育馆	9
tīzi	梯子	F4
tóu	头	F4
tǔdì	土地	F4
túshūguǎn	图书馆	9

W

wài	外	9
wàiguó	外国	7
wàiyǔ	外语	14
wán	完	14
wǎn	碗	F4
wǎn	晚	F5
wǎn'ān	晚安	F1
wǎnfàn	晚饭	12
wǎng	往	F6
wǎnhuì	晚会	15
wǎnshang	晚上	8
wàzi	袜子	F4
wèi	位	F4
wèi	为	F6
wèidao	味道	11
wèile	为了	F6
wèi shénme	为什么	9
wēishìjì	威士忌	F4
wèntí	问题	F6
wénzhāng	文章	F4
wǒ	我	5
wǒmen	我们	5
wūlóngchá	乌龙茶	7
wūzi	屋子	F4

X

xī	西	9
xì	细	F5
xǐ	洗	F6
xià	下	9
xiàbān	下班	F6
xiàgeyuè	下个月	8
xià(ge) xīngqī	下（个）星期	8
xiān	先	F6
xiāng	香	F5
xiǎng	想	12
xiàng	向	F6

xiāngzào	香皂	F4
xiànmù	羡慕	10
xiānsheng	先生	F4
xiànzài	现在	8
xiǎo	小	9
xiào	笑	F6
xiǎoshí	小时	13
xiǎoshuō	小说	6
xiàozhǎng	校长	F6
xiàwǔ	下午	8
xiàyǔ	下雨	13
xiàzhōu	下周	10
xié	鞋	F4
xiě	写	15
xièxie	谢谢	F1
xīfàn	稀饭	F4
xǐhuan	喜欢	11
xīn	新	15
xìn	信	15
xìng	姓	5
xīngqī	星期	8
xīngqīèr	星期二	8
xīngqījǐ	星期几	8
xīngqīliù	星期六	8
xīngqīrì	星期日	8
xīngqīsān	星期三	8
xīngqīsì	星期四	8
xīngqītiān	星期天	8
xīngqīwǔ	星期五	8
xīngqīyī	星期一	8
xióngmāo	熊猫	11
xìxīn	细心	F5
xī yān	吸烟	13
xǐyījī	洗衣机	F5
xuǎn	选	14
xuānnào	喧闹	F5
xué	学	13
xuéfèi	学费	F6
xuésheng	学生	5
xuéxí	学习	10
xuéxiào	学校	10

Y

yān	烟	F4
yàndiàn	唁电	F4
yáng	羊	F4
yào	要	10
yào	药	F4
yě	也	5
yěshòu	野兽	F4
yéye	爷爷	6
yīdiǎnr	一点儿	11
yídìng	一定	10
yīfu	衣服	7
yífu	姨父	F2
yīgòng	一共	F6
yǐhòu	以后	14
yīhuǐr	一会儿	F6
yǐjing	已经	14
yímā	姨妈	F2
yīn'àn	阴暗	F5
yīnggāi	应该	F6
yīngyǔ	英语	7
yīnwèi	因为	F6
yìqǐ	一起	13
yǐqián	以前	12
yīshēng	医生	7
yìwài	意外	15
yīxià	一下	10
yīyuàn	医院	F4
yìyuán	议员	14
yìzhí	一直	F6
yǐzi	椅子	F4
yòng	用	14
yǒu	有	6
yòu	又	14
yǒudiǎnr	有点儿	11
yóujiàn	邮件	F6
yóupiào	邮票	F4
yǒushí	有时	F6
yóuyǒng	游泳	F6
yōuyù	忧郁	F5
yǔ	雨	13
yuán	元	8
yuǎn	远	10
yuànyì	愿意	F6
yúchǔn	愚蠢	F5
yuè	月	8
yuèqǔ	乐曲	F4
yùndòng	运动	F4

Z

zài	在	9
zài	在	10
zài	在	12
zài	再	14
zánmen	咱们	13
zǎo	早	F5
zǎofàn	早饭	12

zǎoshang	早上	8
zázhì	杂志	14
zěnme	怎么	9
zěnme	怎么	10
zěnmeyàng	怎么样	9
zhǎi	窄	F5
zhàngfu	丈夫	6
zhànzhēng	战争	F4
zhāojí	着急	10
zhàopiàn	照片	F5
zhàoxiàngjī	照相机	F4
zhè	这	7
zhe	着	12
zhège	这个	7
zhè(ge) xīngqī	这（个）星期	8
zhè(ge)yuè	这（个）月	8
zhèli	这里	F6
zhème	这么	13
zhèngfǔ	政府	7
zhèngzài	正在	F6
zhèr	这儿	F6
zhèxiē	这些	7
zhī	只	F4
zhǐ	纸	F4
zhīdao	知道	F6
zhídé	值得	12
zhìdù	制度	F4
zhǐyào	只要	F6
zhǐyǒu	只有	F6
zhǒng	种	F4
zhòng	重	F5
zhōngguó	中国	6
Zhōngguócài	中国菜	F6
Zhōngguórén	中国人	5
zhōngjiān	中间	9
Zhōngwén	中文	7
zhōngwǔ	中午	8
zhòngyào	重要	F6
zhōngyú	终于	F6
zhū	猪	F4
zhù	住	F6
zhuōzi	桌子	9
zì	字	15
zìjǐ	自己	F6
zìxíngchē	自行车	F4
zōnghé	综合	9
zǒngshì	总是	F6
zǒu	走	10
zuì	最	11
zuìjìn	最近	F6
zuǒ	左	9
zuò	做	12
zuò	坐	9
zuò	座	F4
zuótiān	昨天	8
zuòwén	作文	10
zuòyè	作业	10
zúqiú	足球	F6

楊　暁安（Yang Xiaoan）
長崎大学教授
高　芳（Gao Fang）
長崎県立大学特任講師

同学社

©ポイントチェック・初級中国語

2024年2月1日　初版発行　　**定価　本体2500円**（税別）

編著者	楊　暁　安 高　芳
発行者	近　藤　孝　夫
印刷所	萩原印刷株式会社
発行所	株式会社 **同　学　社** 〒112-0005　東京都文京区水道1-10-7 電話 03-3816-7011　振替 00150-7-166920

製本：井上製本所
ISBN978-4-8102-0794-1
Printed in Japan